SHEFFIELD LIBRARIES, ARCHIVES & INFORMATION	
217507351	
HANXIN	
	£ 13.34

张小娴 著

FACE UP TO LIFE

只要你够强大就好

湖南文艺出版社
博集天卷

序

愿你始终相信，
这一生，会有一人，
陪你走过繁华，
也陪你归去平淡

    人生每个阶段想要的东西也不一样，就像你十七岁的时候爱的那个人到了二十七岁也许就不爱了；当你年少，曾经爱一个人爱到难受，你愿意为他做任何事，甚至为他死，后来的一天，你却连他的生日都想不起来。什么是爱？生命中的每个时刻或许会有不同的定义。有的人，你爱过他，也恨过他，后来原谅了他，终究还是没能走到最后。有的人，他是你十七岁那年的单曲循环，你天天听着同一首歌不曾厌倦，你以为今后再也不会这么爱一个人了，若干年后，他成了回忆里的一首旧歌，你想起的只是当时年轻的自己，你微笑跟自己说："哦，我曾经是这么爱他。"当你十七岁时，你不知道二十七岁的时候会爱着谁，又会在谁的身边微笑和哭泣。

    有的人在幸福中长大，有的人在挫败中长大，有的人在风浪中长大，有的人在爱情里长大。当你老些了，回首你走过的路、回想那些你爱过的人、回望那些和你一起长大却又不再相见的朋友，还有那些离你而去的亲人，你是不是终于看出了无常？你甚至不知道你拥有的一切是否可以留到明天。即便到了二十七岁，你也不敢确定三十岁的你会不会快乐。

    除了这一刻，又有什么是可以把握的？然而，每一刻却也在飞快地消逝，前一刻看到朝阳，转眼天色已晚。我记得，曾经有个人在许多个夜晚，当我累了想回家的时候总是柔情蜜意地跟我说:"早着呢。"那时候,我手上好像有耗不完的年轻的光阴。

这一生,到底为何而来?从小在天主教会和基督教学校读书,虽然现在信佛,但是,读过和听过的圣经故事一直在我心里,就像小孩子不会忘记儿时读过的童话,这些童话故事总会在人生某个时刻突然从记忆中蹦出来,我记得《圣经》里有句话的大意是:"这一生的劳苦是为了什么?"是啊,我来这世界一趟是为了什么?是还愿吗?是圆梦,还是报恩?唯愿我离去的时候已经把该报的恩都报了,再也不欠任何人。

2020年是风雨飘摇的一年,我想念2019年在武汉签书会上的每一张热情的、欢乐的脸孔,很想再见到他们,唯愿他们安好;2020年,也是孤寂的一年,多少人因为疫情被隔离?多少人失去工作和斗志?多少人失去亲人和朋友?意大利的贝加莫甚至失去了整整一代人。原来,我们的生活从来没有自己以为的那么安稳,我们所谓的安全感竟是那么脆弱。我偏偏选择了这一年回去学校读书。读书是我一直以来的心愿,很久以前就想着等我老了要重拾课本,好好享受那时因为半工半读错过了的校园生活,没想到终于如愿却又碰上疫情,大部分时间只能在家里上网课。我其中一篇论文写的是苏轼的词,苏轼几经贬谪,一生落魄漂泊,至死也回不了故乡,他却始终乐观豁达,是一个在苦难中自我完成的人。"小舟从此逝,江海寄余生。"我好像也到了能够理解这种心境的年纪了。

虽然过不上我期待的校园生活,但是,选择这一年回去读书,看来还是对的,外面风雨飘摇,而我那么幸运可以静下心来读书。我写了那么多的散文,却依然会为怎样写论文而苦恼。人生只要有想要完成的心愿、有向往的东西,就值得微笑和等待,也就依然年轻。

我的同学年纪都比我小,停课之前,一个有点爱情烦恼的男同学想跟我倾诉,却羞红着脸说不出话来,被身边的人拉走了。前两天,刚刚结束一段纠缠了许多年的三角恋的女同学跟我说:"也许这辈子再也不会遇到喜欢的人了。"怎么会呢?只要你相信自己值得被爱,缘分总会在某个角落等待着你,曾经的天涯之遥，终会变成咫尺之隔。是有一个人，在平行时空里和你一起前行，直到一天，当你俩相遇、相爱，你会发现，原来他一直都在，但你必须前行，才会遇到他。

在遇到命定的那个人之前，好好生活吧；当你活得好，你会得到更多爱，你也不会那么害怕孤单。愿你始终相信，这一生，会有一人，陪你走过繁华，也陪你归去平淡。

这本书辑录了我在微信公众号发表过的文章，书名《只要你够强大就好》是为了响应上一本散文集《后来我学会了爱自己》。有的人因为爱别人而学会爱自己，有的人因为爱自己而学会爱别人，殊途同归，只要你慢慢强大就好；当你强大，你才能够面对人生的风雨，才可以活成自己喜欢的样子。这天翻地覆的一年，难道你还看不出没有什么是永远不变的吗？这一次的疫情难道没有改变你吗？爱情不是人生唯一的追寻，疫情过去，你更清醒地知道，那些要你卑微、要你委屈自己、给不了你温暖的爱情，都不值得你继续；所有不爱你的，都配不上你。春光短，别浪费余生。

有些人，虽然不能在一起，但他永远在你心中占一席位；有些人，终于在一起了，那就好好珍惜吧。那些在你生命中停留过的人，那些你爱过的人，甚至那些伤害过你的人，都成就了你。所有这些历练，也会使你强大，让你学会自爱和珍惜。所谓完整，所谓归宿，甚至所谓成败，都跟别人无关，只能够由你来定义，自己过得惬意就好，少一些遗憾也就已经很好。无谓停留在过去的懊悔与未来的恐惧之中，过好现在，就是修正从前因为愚蠢而犯的所有的过错。当下永远是最好的，若有不好，我也要把它过好。我那么努力，是为了有一天可以云淡风轻；我掉过那么多的眼泪，只为了可以微笑到最后。

一天，当你走到终点，回望一生，你终于明白，你来人间一趟，是为了自我完成。我们幸运地活下来了，今后，假使余生若梦，唯愿你可以选择做一场美梦。

张小娴
二〇二〇年六月，晚上

没有一个人是完美的,但总有一个人,
虽不完美,却完整了你,甚至补满你人生的遗憾。

都不爱了，结束了，恨也是多余的。

目录
CONTENTS

第一章

他是人间烟火，
他是细水长流 /001

CHAPTER

01

你是要结个婚，还是要结过婚？ /002

他爱不爱你，就看这几点 /006

爱你的人和你爱的人，如何抉择？就这样抉择吧…… /011

什么男人不能嫁？什么女人不能娶？ /015

你应该选择和什么样的人相爱 /019

我爱你，but... /022

要是女朋友这么问，你就这样回答吧 /026

给大家介绍一下，这是我男朋友 /031

一个陪你归园田居的男人 /035

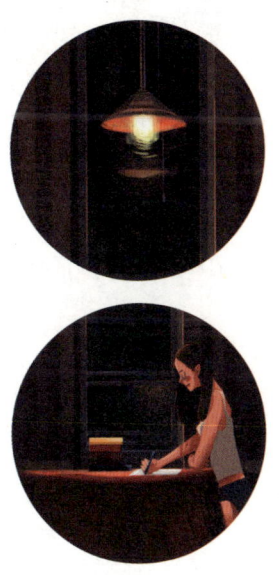

我们一起变老吧 /039

喜欢你,就想欺负你 /042

什么男人适合结婚? /046

男人什么时候才会长大? /050

他是人间烟火,他是细水长流 /054

十句"你不爱我了",十句都是款款深情 /058

老公不上班 /062

CHAPTER

第二章
我们都是孤独症患者 /067

02

这个男人为什么不能给你安全感？ /068
要如何把握爱情那个度？ /072
当他说他不喜欢你，十二个回答 /076
异地恋是不是终归会败给距离？ /082
要是前任真的有那么好…… /086
曾经喜欢一个人喜欢到难过…… /090
单思若是美好，只是你自个儿的美好 /094
为什么你总是失恋？ /099
我们都是孤独症患者 /103
十个瞬间，你知道他不爱你了 /107
有一种挚友，叫前妻 /113
我爱过你，情何以堪？ /117
当他不爱你了 /121
我为什么爱你：最短的一句 /124
走过失恋的日子 /129

第三章

不要应酬这世界 /131

CHAPTER 03

男人是否都有初恋情结？/132

与其防小三，不如做到这三件事情 /136

不要应酬这世界 /140

你挺好的，可惜我没爱上你 /144

有一种催婚叫"家里人担心你不够强大" /148

终于等来了一个佛系情人节 /152

那个能和你聊到天长地久的人，才是对的人 /156

那个据说和老板有一腿的女人…… /160

分手费要还是不要？/164

假如要你用四个字来形容爱情，会是哪四个字？/169

给恋爱中的女孩子的五个忠告 /173

余生很长，也很短 /177

说与不说 /181

第四章

只要你够强大就好 /185

CHAPTER

04

很想和你在一起 /186

当三姑六婆问你为什么还不结婚 /190

无论是嫁给爱情还是嫁给婚姻，最后也许同样会失望 /194

爱的反面不是恨 /198

女人最好的年纪 /202

你为什么要完整？ /205

假使你曾渴望王子，唯愿你而今终于长大了 /208

宁可迟暮，不要衰老 /212

爱情可不可以永远年少？ /218

忍受冷暴力,是爱还是懦弱? /222

在第二人生里,也许我会过得比现在好…… /226

我的卵子我做主 /230

只要你够强大就好 /234

情伤总是会过去的,有时候,你又何必寻根究底? /238

这里有个自强不息的灰姑娘 /242

有一种备胎叫前男友 /245

你离圆满只差一点点 /248

第五章

愿你能活得邋遢，
也能活得精致 / 251

CHAPTER

05

好看的皮囊和有趣的灵魂 / 252

女人的二十、三十、四十应该怎么过？怎么爱？ / 256

你可不可以记住我不吃黄芥末？ / 260

月亮告诉你的几件事情 / 263

我的深夜食堂 / 267

那个说过要钓金龟的女孩 / 272

永不流逝的派对 / 275

愿你能活得邋遢，也能活得精致 / 279

大城女子图鉴 / 284

女人五十 / 287

你今晚 Bralessdrunk 了吗？ / 291

我的保养之道 / 296

假装没买，男人和女人篇 / 300

CHAPTER

01

第一章　他是人间烟火，
　　　　他是细水长流

你是要结个婚，
还是要结过婚？

一生那么短，
请不要为了结婚而结婚，
不要因为不年轻了而结婚，
也不要因为家人的压力和期待而结婚。

她和他，既是恋人，也是工作伙伴，两个人，四条狗，一起生活许多年了。两个都喜欢旅行，喜欢美食，喜欢动物，没打算当妈妈和爸爸。我问他们为什么不结婚，她真心觉得这婚可以结，也可以不结，结不结也无所谓。要是她想结，他也会听她的。

一天，他俩看到新闻，一个颇有名气的中年作家猝逝，死后留下早年买的一幢房子。他那些贪婪的家人明知道他和女朋友一起超过二十年了，两个人一直住在那幢房子里，虽然没有结婚，却像夫妻一样，感情也很好。可就是因为没有结婚，他死了，他的家人立即把她赶走。

我这两个一直没打算结婚的朋友看完这条新闻之后就悄悄把婚结了，没有大摆筵席，没有通知朋友，也没有拍婚纱照。婚结了，生活还是照旧。她不是害怕将来没有房子住，他们根本没有房子，住的房子一向都是租来的。结婚，不是为了感情和生活的保障，而是为了日后可以好好保障和处理属于他俩的那一点点钱。假若其中一个人首先离去，另一个人也可以忠诚地执行对方的意愿。

有些事情，的确只能由丈夫或是妻子去做。譬如说，要是其中一个病重，得马上动手术却又无法自己签名，那就需要另一半签名了；又譬如说，当他们年老，被大病折磨，要不要继续下去，抑或停止治疗，自己已经不清醒了，无法做决定，那也得由另一半为他决定。

我开玩笑说："到时你可以决定不要救他。"
她哈哈大笑："就是就是，到时肯定是不救的啦。"

所以，男人可以得罪全世界，但是千万不要得罪老婆。有一天，你躺在医院里，神志模糊，命悬一线，决定救不救你的，是你亲爱的老婆大人。

每个女人都曾经对婚姻满怀憧憬，直到繁华落尽，才明白结婚到头来是很世俗，也很实际的一回事。

名分保障不了爱情，会变的还是会变，要离的还是要离，出轨的还是照样出轨。那我们为什么还想要名分呢？是因为我爱你。

到了离别的那天，我可以什么也不要，但是至少，我可以见你最后一面，送你最后一程。我有这个资格和身份，最后一次摸摸你的脸，根据你活着时的意愿为你安排和处理一切，而我肯定会做得比所有人都好。

结婚的浪漫与深情并不是在最初的时候，而是在最终的日子。

一生那么短，请不要为了结婚而结婚，不要因为不年轻了而结婚，也不要因为家人的压力和期待而结婚。

结婚，是因为想跟这个人结婚。

哪儿有什么适婚年龄呢？几岁结婚，几岁生孩子，这不都是幻想吗？谁又知道以后的故事？

不要为了满足别人而结婚，即使那是你亲爱的家人。问你自己，你到底想要个前夫还是想要个丈夫？婚是自己的，苦乐也是自己的，请不要为了结个婚而变成结过婚。

婚姻纵使是那么实际和世俗的一回事，它始终也是神圣的。不爱一个人，请不要嫁给他；嫁了，陪你走到最后的，应该就是他了。

无论他是个多么好的人,无论他有多爱你,你不爱他,到了那一天,他在你病榻边流的眼泪,只会使你愧疚和感伤,却没有不舍。你多想摸摸他的头,叫他别哭,跟他说声对不起,耽误了他。

　　你也耽误了自己。

他爱不爱你，
就看这几点

不爱一个人，
往往从眼睛开始。

这个男人爱不爱你，你心里难道不知道吗？

爱到底是感受到多少就有多少，还是要亲眼看到有多少才算数呢？女人有时太忐忑了，感受到爱，却也怀疑着爱，她需要凭证，就像她需要安全感。

他爱你？他不爱你？既然凭证是那么世俗的东西，那我们就试着世俗点吧。

他爱不爱你，就看这几点：

他爱你，他会把时间和钱都给你。

有些男人给你钱，可他没时间陪你，常常丢下你一个人，即使不是忙工作，他也宁可跟朋友出去玩；有些男人给你时间，可是，钱他都舍不得给你，他嘴里说爱你，却对你吝啬，那么多年了，他有多少钱，你从来不知道，他也不让你知道。

钱和时间他都给你，那么，他是爱你的。
这很现实吧？世俗的东西就是这么现实。
男人爱你，钱和时间都给你；女人爱你，时间都给你，不会问你要钱。女人好像很现实，却也有她很不现实的时候。

他爱你，他会把最多的话留给你。
也许他在别人面前寡言木讷，他跟你却有说不完的话。
他什么都跟你说，心里怎么想，只说给你听。
遇到快乐的事，他首先告诉你；遇到不快乐的事，他也是首先告诉你。你是他最好，也是唯一的听众。

他爱你，你的缺点他都知道，却从不抱怨。
你也许像个小混混，你也许一点都不温柔，你有时爱闹脾气，你嘴巴硬，你很自我，爱怎样就怎样，但他总是让着你，从来没想过要改变你。
你的好和不好他都知道，他一直都知道，不会因为和你一起的时间久了才开始忍受不了你的不好。

　　他爱你，他也爱你原本的样子，即使你没那么好看了，即使你老了。
　　他爱你小小的眼睛和你肉肉的小腿，还有你不完美的一切。你做完激光祛斑，像个花脸猫，连你家小狗都认不出你。但他依然对你微笑，告诉你，你脸上的斑斑挺可爱的，不去掉也没关系。

　　他见过你最糟糕的样子还没跑掉，那么，他是爱你的。
　　他爱你，你夜晚吃完饭肚子胀气不舒服，他会帮你揉肚子，直到你呼呼睡着了。
　　他爱你，坐长途车的时候，你那颗大大的脑袋挨着他一边胳膊睡觉，一睡就是一两个小时。他肩膀累垮了也让你挨着，不会叫醒你，不会说他很累，你可不可以坐好一点，别挨过来。
　　他爱你，送你回家的路来回要三个小时，每次约会之后他还是坚持送你回去，担心你一个人在路上有危险。每次到家了，他要看着你进屋里去，跟你说了再见才肯走。

　　他爱你，你不舒服，在床上吐了，他会帮你换过干净的睡衣，你睡觉，他去洗床单。
　　他爱你，当他吃到好吃的东西，他会想，要是你在就好了，你在就能吃到。

他爱你，你想吃的东西，无论跑多远他都会买来给你吃。

他爱你，好吃的他都让给你吃，一只鸡、一尾鱼和一块牛排最好吃的部位，他通通夹给你吃，明明自己喜欢吃，也说吃够了。

他爱你，你哭着叫他走开的时候，他不会听话走太远，而是待在你找得到的地方。

他爱你，两个人在街上吵嘴，他气冲冲丢下你走了，却一边走一边偷偷往后瞄瞄你有没有跑掉，有没有跟丢了，他故意走慢些让你看到他。

他爱你，当你成功，他不会忌妒，不会酸溜溜地说，你只是运气好；他也不会说，老板喜欢你，因为你是女人。

他爱你，虽然没有很多甜言蜜语，但是从来不会数落你。

他爱你，他会对你不自私，他会给你自由，而不是想方设法把你捆绑在他身边。

他爱你，他不会放弃你，无论你曾经多么差劲，他也不肯对你死心。

他爱你，他的人生总有你的一席之地，他所有的计划也有你的一份。

他爱你，他眼里就有你。

当他爱着你,每次你看他时,你会在他眼里看到你自己。不爱一个人,往往从眼睛开始。当有一天,你在他眼里再也看不到自己,你就应该知道,那份爱,已经离去了。

爱你的人和你爱的人，如何抉择？
就这样抉择吧……

爱情多么像一场赌博！

　　爱你的人和你爱的人，如何抉择？这真是个老掉牙的选择题。

　　当你年轻的时候，你肯定会选择你爱的人，这就好像当你年轻时，灵魂伴侣和生活伴侣要怎么抉择，你肯定会毫不犹疑地选择灵魂伴侣，你才不要一个生活伴侣。后来的一天，你没那么年轻了，才终于明白，要找个生活伴侣并不见得比找个灵魂伴侣容易，甚至更难。

　　爱你的人，你可能没那么爱他，甚至不爱，但你应该不至于讨厌他。
　　你爱的人，他可能爱你，也可能不爱；即使爱，也没你爱他那么多。

　　一个是爱你的人，一个是你爱的人，要是无法爱上一个爱你的人,那就不要害怕失望和受伤,去爱一个你爱的人吧。

假如没有一个你爱的人,那就设法去爱上那个爱你的人吧。要是做不到,那就继续等待,或者选择自己一个人过日子算了。

你爱也爱你的,当然最美满,可惜,世间的美满太少,总有一个爱得多一些,总有一个迁就另一个多一些。

谁不知道相爱最好?谁不知道相思比单思幸福?可世事岂会尽如人意?有时候,遇不到就是遇不到。

你是可以选择等待或者选择孤独的,可你也不愿意。

一个爱另一个多一些,或者两个人爱得一样多,结局是不是就会不一样?有时候,却会是一样的。无论开始的时候是怎样的一种爱情,无论这个人是你爱的还是爱你的,无论你如何努力去保鲜,爱情它终归是会老的,这就是爱情的本质。到了那时候,一开始是谁爱谁多一些,已经不重要了。

爱情本来就不长久,直到它变成我不能没有你,你也不能没有我,你是没有别人可以取代的,我也是。

茫茫人海,我们寻找心目中的完美爱情,最后总难免会失望。我们最终想要的是一个陪我们在世间走一回的人,他了解你,他喜欢你，他接受你的好和不好、你的光明和黑暗。

有人说，爱情会成为亲情，也有人说，爱情不能也不应该成为亲情。这两种说法都没错，爱情只有成为一份像亲情一样的感情时，才不会有厌倦，才不会见异思迁，才不会分开，才可以相依到老。然而，爱情的确不是亲情，两个人再怎么相爱，也是没有血缘的，是没有根的，说它是亲情，多少有点自欺。而且，爱情一旦成为亲情，也就失去了爱情浪漫和激烈的天性。

谁又真的懂得爱情呢？不过是你遇到的爱情一路改变你。

爱情多么像一场赌博！有时你赌赢了，有时你输了。跟赌博不同的是，赌博的结果比过程重要，你只想赢。谁会说"虽然输了，不过也很享受那个过程，赌钱的时候也长大了"这种蠢话呢？

爱情跟赌博不一样，爱情的过程比结果重要。爱的时候，当然想要一个美好的结果，可谁又知道呢？有些人到了结婚那一刻就反悔了，有些人结了婚很久之后才反悔，只想尽快离开，然后去爱别人。

我们享受过爱情的甜蜜，我们在爱情里长大和蜕变，在爱情里认识自己、照见自己，这就已经赚了，结果如何，也不那么重要了，也不是我们可以控制的。

赌博当然是有风险的,你不会总是赢,爱情既然像赌博,自然也是伴随着风险的,你不知道现在爱你的人哪一天突然不爱你了。

当然,也有可能是你先不爱他。

爱情和婚姻不过是明知不可为而为之。相信爱情或者相信婚姻的人,若不是天真,就是深情的、悲怆的,只有这样的人才会明知不可为而为之。

爱你的和你爱的,到头来也许都一样。当你年少,你爱的人不爱你,那简直要了你的命;然而,当你没那么年少了,你会笑话自己,他不爱我,我为什么要爱他?没有他,难道我的人生就不会幸福吗?

跟一个你爱的人恋爱,然后嫁给一个爱你的人,这样好吗?这样算是妥协吗?

也许不是妥协,而是聪明的人看破了,没那么聪明的人变懒了,再也不想照顾别人,只想被人照顾。这是多么透彻的领悟!却要走过千百个苦乐参半的日子和那段漫长崎岖的路。

什么男人不能嫁？
什么女人不能娶？

请你尽量提升自己的眼光和品位，
请你尽量飞翔吧。

  有没有想过，假如换一条人生的轨道，你爱上的也许不是现在这个人，而是别人？我们都只是爱上我们能遇到的人之中我们认为最好的那个。
  爱上谁，是否早有安排？跟谁终老，又是否终究是一场际遇？我们好像有很多自由选择，最后才明白，每个人仅仅是在一方水土上飞翔的一只小鸟，却以为自己可以飞越整个世界。
  爱上你，是因为你正好在我的人生轨道上，也在我飞翔的那一方水土里。
  所谓芸芸众生，不过就是我穷尽一生遇到的、在我视线以内的人；所谓千万人之中，也许不过就是那几个人。唯一真实的，是的确没有早一步，也没有迟一步，刚好遇到你。

既然没有太多的选择,那么,到底要嫁一个怎样的男人,又或者要娶一个怎样的女人呢?什么男人不能嫁?什么女人不能娶?到底有谁值得你与之共度余生?

一生那么短,谁都不想犯错。

可惜,你爱的那个人不一定爱你;你想嫁的那个人也不一定想娶你;你想娶的,又不一定想嫁给你。甲想嫁的那个人,可能入不了乙的法眼;乙想嫁的那个人,甲宁可孤独终老也不要嫁。

谁又能告诉你什么男人不能嫁呢?有时明知道这个男人不能嫁,明知道他不会是个好丈夫,明知道嫁给他会痛苦,但你还是会爱他爱到不顾一切,以为自己可以改变他,可以把他从一个浪子变成一个居家男人。

我只能说,当你懂得爱自己,当你头脑清醒的时候,请你跟自己说:嫁一个对你好的男人,嫁一个肯承担的男人,嫁一个比你聪明的男人,嫁一个你十年后也会为他感到骄傲的男人,嫁一个有幽默感的男人,嫁一个有理想和事业心的男人,嫁一个爱家庭的男人,嫁一个善良的男人,嫁一个舍得让你花钱的男人,嫁一个肯上进和奋斗的男人,嫁一个对你的家人和朋友好的男人,嫁一个会照顾你的男人,嫁一个不断进步的男人,嫁一个对自己有要求的男人,嫁一个专一老实的男人,嫁一个爱你的男人……

是不是太难了?都说在头脑清醒的时候应该这样告诉自己,可惜,大部分人恋爱的时候头脑都不太清醒。

什么女人不能娶？这个也太难回答了。

有些女人单身的时候既自我也任性，结婚之后却好像换了个人似的，变成贤妻良母。人难道不可以改变吗？当我说什么男人能嫁，这也只是你当时的感觉，那个爱你、对你好、肯承担、舍得让你花钱、专一老实又善良的男人难道不会变心吗？

都说不要娶一个花钱大手大脚的女人，可要是她花的是自己的钱又怎样？男人花钱大手大脚就没问题吗？

功利的婚姻就一定会成功吗？

理性的婚姻就一定比感性的婚姻成功吗？

人总是会变的，你只能选择此时此刻你所相信的那个人，然后跟自己说："希望我不会错。"

要嫁一个怎样的男人，又要娶一个怎样的女人？嫁一个有智慧的男人，娶一个有趣的女人吧。人生这条苦乐参半的漫漫长路，智慧和有趣太重要了。

至于如何去判断什么是智慧，什么是有趣，那是每个人自己的智慧和品位，假使你连这个判断能力都没有，谁也帮不了你。

当你还年轻，好好去享受爱情，好好去为自己的人生奋斗吧，不需要太早结婚。为什么那么急切要结婚呢？婚姻从来没有你想象的那么简单，没有爱情固然不行，光有爱情也是不行的。当你成熟些、聪明些，当你独立些，当你多一些阅历，当你见的人多了，你才会比较知道什么男人能嫁、什么女人能娶。当你足够老了，也许才不会那么容易犯错。

　　既然不可能换一条人生轨道，既然注定生于这小小的一方水土之上，能见的只有那么多，那么，请你尽量提升自己的眼光和品位，请你尽量飞翔吧。

你应该选择和什么样的人相爱

我们往往不是选择对自己最好的那个人，
而是选择爱的那个人。

爱情有时就像上帝跟你开的一个大玩笑，你爱着一个不爱你的人，一个你不爱的人爱着你。下大雨，他走在前面，你在后面为他打伞，后面却也有一个人为你打伞，可你不愿意转身去接受他。

只要转身也许就会得到爱和幸福，可是，转身又怎可以勉强呢？

我们明知道什么对自己最好，却往往下不了决心。爱一个人，你宁愿自己湿了身，也要为他打伞；不爱一个人，他淋着雨为你打伞，你也不会感动。

你明明知道应该感动，你跟自己说："要是能够感动该有多好。"可你就是做不到。不爱的时候，无论他有多好，你就是不觉得感动，你心里只有抱歉、感谢和可惜。

你终归感动不了那个不爱你的人，那个你不爱的人也感动不了你。

我们往往不是选择对自己最好的那个人，而是选择爱的那个人。要是始终没有最爱，我们也许才愿意投降，才肯服气，黯然选择对自己最好的那个。

与所爱的人在雨中漫步，是一种人生；任由爱你的那个人在雨中默默走在你后面，又是另一种人生。

要过哪一种人生，要看你是什么年纪。

那样苦苦爱着一个不爱你的人，他却连看都不看你一眼。你明明可以转身离去，结束你所有的卑微，你却好像戴上了脚镣，转不了身。直到一天，你终于死心了，才明白没有爱就无法被感动，这时，终于转身了，背后那个为你打伞的人却也许已经不在了。

哪里会有永远一厢情愿的等待呢？不过是一时三刻放不下。

痴心也有穷途末路的一天，然后就死心了，明白这条路已经走到尽头，走不下去了。

是有那么一个人，你爱他，他不爱你；也有一个人，他爱你，你爱的却是另一个人。你流着泪为谁打伞？谁又流着泪为你打伞？

雨下大了，风把你手里的伞吹歪了，爱谁都会湿了胳膊，也湿了眼睛，可我们还是宁愿选择自己爱的那个人，而不是转过身去将就。

我为什么要转身呢？我走出去好了。

一厢情愿的爱只是一个人孤零零走的路，走累了，走到死心了，看不到一星光亮，只看到自己像个苦涩的笑话。终于，你舍得离去，然后有一天，你会遇到你爱也爱你的那个人。回家的路上，刮着风，下着雨，他拿着伞，你挨着他走。雨太大了，两个人头发都湿了，也湿了一边胳膊，眼睛里却依然漾着微笑。

千万人之中，我只为你转身。

我爱你，but…

but 之前是真心话，
but 之后的也是真心话，
甚至更真心。

洋人说，无论前面的话多么动听，but 之后的才是真心话，例如，老板夸你提出的方案很好，接着说："但是，这样改一下你觉得会不会更好一些？"原来，前面说的话只是给你下台阶，后面说的才是重点。

可是，爱侣之间的 but，应该是例外的吧？ but 之前是真心话，but 之后的也是真心话，甚至更真心。

我爱你，但是，你可以别吃洋葱和大蒜吗？吃完之后你嘴巴臭死了。

我爱你，但是，不要每次找不到自己的东西就问我把你的东西放到哪里去了好吗？我从没见过好吧？是你喜欢把东西乱丢。

我爱你，但是，你可以整齐些，不要把家里的东西弄得乱七八糟好吗？

我爱你，但是，当我减肥的时候，不要拿好吃的东西引诱我好吗？请也不要跟我说吃完这顿再减肥好吗？我觉得你不尊重我啊，我减肥的时候是很认真的。

我爱你，但是，有些夜晚我真的只想要个拥抱和陪伴，不想嘿咻。

我爱你，但是，有时我真的只想你帮我揉揉肚子和腿肚，不想嘿咻。

我爱你，但是，当我在家里埋头苦干的时候，给我一点私人空间好吗？我也很在乎我的工作呢。

我爱你，但是，有时候我也很享受自个儿在家的日子，我可以独占我们那张床，坐在上面边看剧边吃东西，可以脸也不洗，牙也不刷就睡觉。

我爱你,但是,你别总是那么慢吞吞好吗?我长发,你短发,我发量是你的一百倍,可为什么每天早上你弄头发的时间都比我长?为什么每次出门都是我穿好衣服等你呢?

我爱你,但是,你可不可以不要再穿那件条纹的外套?真的难看死了,只有你自己不知道。

我爱你,但是,我可以没那么爱你爸爸、你妈妈和你妹妹吗?他们老是让我觉得我跟你一起是捡到宝,我爸爸妈妈可不是这么认为呢。

我爱你,但是,我没那么喜欢你那几个哥们儿好吗?我看不过眼他们老是占你便宜。你人太好了,就是这点可爱也可恨。

我爱你,但是,我觉得很重要的事,即使你不觉得,也试着附和我好吗?你的支持对我很重要。

我爱你,但是,你陪我逛街的时候可以有点耐性吗?别自顾自跑去看你喜欢的东西，然后要我像个疯子似的到处去找你。

　　我爱你，但是，你用手机帮我拍的照片可不可以把我拍得好看些？我才没那么难看。

　　我爱你，但是，可以等我睡着了再打呼噜吗？到时候外面打雷也吵不醒我呢。

　　我爱你，但是，我有时就是很想懒散一下，不要说我懒惰，不要说我不努力，容许我偶尔这样好吗？我只是想休息后再出发。

　　我爱你，但是，不要总是用沉默来表达你的不满和抗议，也不要用沉默来惩罚我好吗？有时我真不知道你心里想什么，我也讨厌你不说话。

　　我爱你，但是，你可不可以偶尔也跟我说你比我爱你更爱我，让我高兴一下和虚荣一下？

要是女朋友这么问，
你就这样回答吧

两个人一起变老不好吗？
我才不要一个人孤零零地老掉。

女朋友总会有许多许多的问题要问男朋友，身为一个机智的男朋友，必须临危不乱，从容回答。

"我最近是不是胖了？"
"哪里有呢？我没看出来。"
"你仔细看看，我两边脸都胖嘟嘟了。"

这时，你暗暗在心里为她减掉一些体重，无论她看上去是胖了十斤还是十二斤，你都减掉五斤就好。
"哦，好像是胖了一点点，胖了一斤有没有？"
"一斤？真的只有一斤吗？"

"看上去大概就是这样,也没怎么胖啊。"

"我是不是一个很自私的人?"

"谁说的?我不觉得你自私。"

"我怎么会不自私呢?我对你都没你对我那么好。"

"你对我很好呀。"这句话是有一点点昧着良心说的。

"就算你真的自私,也不是你不好,自私是性格,不是缺点。何况你不是自私,你只是比较自我,自我的人有性格啊,我就是喜欢有性格的女孩子,有性格才有灵魂。"

"你太好了,以后我要对你好些,我要试着不自私。"

"嗯嗯,咱们走着瞧吧。"这句话你只能偷偷在心里说。

"我有时是不是很讨厌?"

"不是有时,是时常都很讨厌。"

"你说什么?"

"有时的确很讨厌,但有时也很可爱啊。"

"我真的有那么讨厌吗?那你为什么可以忍受我?"

"哦,我有受虐狂嘛。"

"什么?"

"我是有一点点受虐狂,可不是随便每个人都可以虐待我的啊。我没有忍受你,我是迁就你,心甘情愿的。"

"那即是说我真的讨厌?"

"我就是喜欢你讨厌。"

"你果然是有受虐狂。"

"就是就是。"

"我是不是太爱买东西?"

"爱买东西有什么问题?我也爱买东西。"

"可我没看见你常常买东西。"

"哦,看到喜欢的我会买,男人跟女人不一样嘛。"

"我觉得我太爱花钱了。"

"爱花钱才有动力去赚钱啊,况且我又不是养不起你。"

"可是,有些人会觉得女人花钱大手大脚是不好的。"

"是那些人没钱花,所以忌妒你吧?花钱也是一门学问啊,懂得花钱也不容易。一个人的品位是怎么来的?就是花了很多钱学回来的。"

"嗯嗯,好像真的是这样。那你觉得我品位不错吧?"

"当然是很好,你和我一起就知道你品位有多好。"

"可你不是我花钱买回来的呀。"

"我有时是不是太神经质?我是不是神经病?"

"你是不是神经病我不知道,这得去找医生鉴定,但你是有点小神经,这样的女人才有趣,才可以每天见着也不会沉闷,才可以过一辈子啊,最害怕闷蛋了。"

"我是不是很笨?"
"你跟我一起就证明你不笨,你非常有眼光,也很聪明。"
"吓吓。"

"我是不是很聪明?"
"你没有我聪明。"
"吓吓。"女朋友吓了两声,却一点都不生气。哪里会有一个女人希望男朋友比她笨呢?

"我是不是很烦?"
"不烦,不烦。"
"但你说过我很烦。"
"我有吗?难道我是吃了豹子胆?"
"你是说过我很烦。"
"可能是我当时很烦。"
"不是我烦?"
"不是,是我自寻烦恼,我就是喜欢自寻烦恼。"
"你这话什么意思?是说我是你的烦恼吗?"

"没错，只有你可以是我的烦恼。"

"那我继续烦你好吗？"

"我可以说不好吗？"

"当然可以，但是后果自负。"

"我是不是老了？"

"没有呀。"

"怎么会没有老呢？明明老了。"这时候，她悲伤的眼睛看着你。

"我老花，没看出你老了。"

"你有老花了吗？"

"我比你老啊。别忘了我永远都比你老，所以在我眼里你是不会变老的。"

"我们都老起来啦。"她叹了一口气。

"两个人一起变老不好吗？我才不要一个人孤零零地老掉。"

这时，女朋友已经热泪盈眶，不会再问下去了。

给大家介绍一下，
这是我男朋友

爱一个人，他不承认你，该有多苦？
那种苦，苦得让你看不起自己。

"我们什么时候才可以公开呢？"
"在你心中，我到底是你的什么人？"
"你是觉得我配不起你吗？为什么你不肯承认我？"

以上这些话，你曾否对某人说过？然后呢？是死心了，还是默默继续？

你爱的这个男人，从来不愿意大大方方地把你带出去，他不介绍你认识他的家人，你也没见过他的朋友。你并不是说要拿男朋友到处炫耀，可这样藏着的爱情是否有点卑微？你大好一个人，为什么要受这种委屈？你自问又不是见不得人。

说是办公室恋情不方便公开，那好吧，一开始保密对大家都是好的，万一分手了也不会尴尬，也避免了许多闲言碎语。可是，都一起一年、两年，甚至三年，关系算是稳定了，为什么还要保密呢？为什么只能够在办公室的走廊和电梯里偷偷说话和交换眼神？为什么下班后要鬼鬼祟祟跑到离办公室大楼三条街以外的地方才可以见面和牵手？

　　他明明是单身，为什么不能光明正大？他是警方的卧底吗？

　　为什么碰到认识的人他马上就甩开你的手？

　　要是一个男人说爱你，却在别人面前甩开你的手，哪怕只是一次，他所说的爱，又能够有多深？

　　被他甩开手的时候，你心碎了，你真想问他："你嫌弃我什么呢？"

　　为什么他不想别人知道他跟你一起？

　　别再为他找借口了，理由很简单，就是他心里嫌弃你，他还想认识别人，他也没打算永远和你在一起。

黎明和舒淇一起的时候从来不肯承认,两个人分手后,黎明恋上了他后来的前妻,他从一开始就大方承认这段恋情,这个对比有多强烈啊!

记者后来采访舒淇,谈到黎明,舒淇苦涩地说:"我也不知道为什么,他就是不肯承认我。"

她现在幸福了,她对记者说的这句话,时隔多年,听起来还是满含泪水的。

连她都不知道为什么,局外人又怎知道呢?

不承认,有时候也许没有任何理由,就是不想认,自己也说不上为什么。

爱一个人,他不承认你,该有多苦?那种苦,苦得让你看不起自己。

你一直等,等你爱的这个男人把你带出去给所有人看,带回家给父母看,带去参加同学会,给老同学看。你一直等,等他跟旧雨新知说:"给大家介绍一下,这是我女朋友。"

你一直等，等有一天，你可以微笑着跟每个认识你的人说："给大家介绍一下，这是我男朋友。"

你一直等，等到心中卑微，等到满腔怨恨，等到荒凉，等到死心，然后等到苦笑；是的，你笑了，这一刻，你终于明白，你等不到，也不想等了。

为什么要等呢？你明明一开始就可以幸福一些，为什么要等到他终于肯承认你？你好端端一个人，为什么要期待有一天会苦尽甘来？

要是这个男人爱你，打算跟你共度余生，不是应该会迫不及待让全世界都知道你是他的吗？

要是这个男人爱你，他不是会以你为荣吗？爱里怎会有嫌弃？又怎会想着或许以后会遇到更好的人呢？

"这是我男朋友。"这句话明明是甜的，要是长久都不能说，就变成苦的了。当可以说的时候，你已经不那么想说了。

一个陪你归园田居的男人

他曾陪你去舞会，
一天，他也会陪你归园田居。

你曾渴望过哪些奢侈品？

随便上网搜搜，总会看到一张张关于奢侈品的列表：一生中必须拥有的大衣、风衣、包包、围巾、婚戒、手表、鞋子……一张又一张的清单，好像穷其一生也买不完，永远都有值得追逐的东西。

当然并不是每个女生都喜欢奢侈品，我少年时代的好朋友就是个例外。她有个做实业的富爸爸，那年头，她妈妈给她和弟弟买的马球衫都是Lacoste（法国鳄鱼）的，多少人巴不得别人都看到他们身上穿的是好东西，可他们两姐弟偏偏千方百计把每件Lacoste马球衫上的那个小鳄鱼标记剪掉，免得太张扬。

这个出尘脱俗的女孩长大后嫁给上帝，她现在是个传教士，热爱吃苦，无欲无求。

有时想想，那么善良的她才是真正富有，也是真正的贵族。什么是贵族呢？就是不在乎。

我们这些俗人终究还是在乎的，还是爱人间烟火。既然不打算嫁给上帝，上帝也没要我，那么，一个女人喜欢买东西，尤其喜欢漂亮的好东西，这点小虚荣也是可以原谅的吧？

我有个老朋友，高中毕业之后到了东京谋生，那时她的日语说得不好，只能在餐馆里当黑工，生活很苦。等她终于把日语说得像母语一样好，在一家小公司当了几年白领之后，她又跑到巴黎去打工。

那年头，日本经济起飞，日本人都蜂拥到欧洲买大品牌，巴黎LV（路易威登）店外面每天排着长长的人龙。她因为会说日语，机会也来了，有日本小店找她做代购，赚的钱足够她在巴黎吃得饱穿得暖。每天早上，LV店一开门，她就拿着一大捆现金冲进去买包包，店员看出她是代购，从来没少给她脸色看，常常故意把她晾在一边，先服务其他客人，最后才轮到她。

后来，她有钱了。那天，她几乎是大摇大摆地走进以前常去替人买货的那家 LV 店，买了她人生中第一个 LV 包包，也是她买过最贵的一个包包。刷卡付钱的那一刻，她简直有一种快意恩仇、一雪前耻的巨大满足感。

可是，那个包包没多久就被她搁在一旁。如今，她买得起很多大品牌，她常常用的却是一个便宜的帆布袋，她更情愿花钱去旅行。

有些东西，当你拥有过，原来不外如是。后来的一天，你做的工作、你过着的生活和你谈着的恋爱，都不需要这些点缀，有是可以的，没有也可以。

一生中必须拥有的大衣、风衣、包包、围巾、婚戒、手表、鞋子……清单上的这些东西，你曾是那样渴望，几乎是天人交战。当你得到，宠幸了一段日子，后来要不是有了新欢忘了旧爱，就是觉得它没有你想象的好，或者是你再也不需要拥有它来证明些什么。

多年前读过一篇法国著名时装设计师的专访，记者问她喜欢男人穿什么，她说，她喜欢男人穿得像没落贵族。

一个没落贵族需要多少年的历练，然后穷得只剩品位？那也是时间的沉淀。

真正的贵族心中不会有一张又一张必须拥有的好东西的清单，他活得随意，美好的东西在他看来也是理所当然的；美好的，不见得都是贵的。

你可能不是生而富贵，但你可以慢慢活得像个真正的贵族，你可以学会不在乎。

爱情不也是如此吗？有一天，你会洗尽铅华，明白世上最幸福的一种生活不是拥有那个一生必须拥有的大衣排行榜上所有的大衣，也不是喝最贵的酒，而是谁陪你喝酒，谁在冬夜里给你温暖。

你爱着的这个男人可能不知道1990年的Petrus（柏图斯）卖多少钱，他也没喝过Romanée-Conti（罗曼尼－康帝），但他了解人生，他聪明睿智，他善良正派，他有趣。

无论你曾咬着牙买过多少大品牌，他才是你最好的大品牌，他也总是愿意忍着痛伸出手臂给你咬一口。他曾陪你去舞会，一天，他也会陪你归园田居。

人生最大的奢侈原来是那个始终爱着你，能够陪你过寻常日子的人。

我们一起变老吧

每个人都难逃一老，
甚至不一定能够优雅地老去，
但是，你至少可以用智慧去接受老去这事。

有一天，我的理发师好友有感而发，跟我说："人还是不要长得太漂亮，太漂亮的话，一旦老了，对比也就特别强烈，怎么看都跟以前相差很远。"

他说的是他一个朋友，一个很帅的男人，他告诉我："他年轻时可帅了。"其实这个男人而今也不过四十出头，一看就是个大帅哥。我没见过他年轻时的模样，不知道他是不是曾经帅到倾国倾城。

人总会老的吧？谁能不老呢？

前几天在网上找资料，无意中看到一期《鲁豫有约》，陈鲁豫在香港访问关之琳。关之琳说："我觉得自己现在已经不好看了。"听她这么说，突然觉得有点感慨。在我们看来，她还是那么美啊，岁月终究是厚待她的。可是，大美人对自己的要求总是严格些，曾经那么美，美到炫目，后来的一天，有些年纪了，世人看着还是觉得美，自己却不以为然。

美魔女或者冻龄美女这一类的形容词，常常让我觉得很别扭，就像从十八岁到八十岁的女艺人都叫BB（宝贝）一样，听着难道不会全身起鸡皮疙瘩吗？做了很多微整形，甚至动过刀，穿的衣服跟年龄完全不符合，也能叫美魔女和冻龄美女吗？

关之琳的坦率和自然，让你见识到什么是品位。

每个人都难逃一老，甚至不一定能够优雅地老去，但是，你至少可以用智慧去接受老去这事。

不要总是修图时把自己修成蜡像，不要再撒谎说自己什么都没做过，就是天生冻龄，就是长得这么年轻。人若无法接受真实的自己，怎么可能有智慧呢？

人都爱美，尤其是女人，修一下图，穿年轻点，人之常情。一旦太过分了，走火入魔了，就会变得庸俗。有些美女无法接受自己老去，跑去整容，结果加倍地又丑又老，却回不去了。这世上，只有她自己以为变年轻变美了。

不是只有美人才会迟暮，我们每个人不都走在老去的路上吗？如何老去，是每个人都要学习的功课。

我们为什么爱上某个人？因为当我遇到这个人，我想和他一起老去。但凡我不想和他一起变老的，都不是爱。

当你老了，他也老了，脱下衣服时，看到的不再是彼此当年年轻的肉体，而是小肚子、皱纹、松弛的皮肤和赘肉，你突然发现，你爱的人真的老了，他再也不可能把你放到背上，甚至没有力气把你抱起来转圈圈，但你依然会觉得幸福。

我见过你最好的模样，但我更期待和你一起渐渐变老。

因为有你，我虽然老了，却依然可以做个永远的女孩。不是什么美魔女，也不是什么冻龄美女，谁稀罕这些？我只想做一个真实的、有血有肉的、自由和有爱的女人。

喜欢你，
就想欺负你

有些人告白的方式是欺负你。

喜欢一个人，是否就会想欺负他，甚至千方百计找他麻烦？

喜欢一个人，有千百种表白的方式，有些人直接说："可以和我一起吗？"另一些人没那么勇敢，只是拐弯抹角表达好感，找机会亲近你，找话题跟你聊天，无论你想去哪里、想做些什么，他都愿意马上扔下手里的工作陪你去做。要是这样你还看不出他喜欢你，你就太笨了。

可是，有些人告白的方式是欺负你。

他会拿你来开玩笑，会取笑你，会跟你说："咱俩哥们儿啊？"

别的人他不会去欺负，他专门找你欺负，你是可以欺负的，而且只被他欺负。你明明不矮小,他偏偏喊你小矮人;你明明长得不难看,他偏偏说你长得很奇怪;你明明自问不笨,他偏偏喜欢喊你傻瓜。他就是喜欢作弄你,可是,他也喜欢找你玩。

你需要的时候,他总会在你周围;把你欺负哭了,他会不知所措。

曾经有这么一个人吗?你习惯了被他欺负,也只肯被他欺负。他欺负了你,还得意扬扬地说:"我就是来欺负你的。"可是,他也会保护你,他不许别人欺负你。

那个欺负你的人,原来一直用这么迂回的方式在跟你表白。要是有一天,你被他气哭了,他马上就心软。

有个男生跟我说,初中的时候,他喜欢学校里一个女同学,她跟他不是同一个班级的,每次小息,他会跑去女孩的课室,踮起脚在窗外偷偷看她。

终于有一天,被她发现了,女孩走到窗边,抿嘴看着他,问他:"你找谁呢?"

他吓坏了,硬着头皮说:"我没找谁。"

"那你为什么天天来?"女孩又问他。

"这个跟你没关系。"他说。

听到这么无情的回答,女孩的眼睛突然红了,一副很想哭的样子,他惊得落荒而逃,再也不敢偷偷去看她。

后来有一天,他在学校里碰到这个女孩,他拼命装冷漠,装作没有特别注意她,没想到,她却走上来,喊他名字,问他:"你有两百块吗?借我。"

他乖乖把钱给她。她笑了,拿到钱就走。

以后每次在学校里见到他,女孩都会微笑着在他身边走过,说:"钱我会还你。"

他点点头,心里想:"我不需要你还钱呢。"

然后有一天,他放学的时候,发现女孩在学校外面等他。她拿着两百块钱,塞到他手里说:"钱还你。"

他傻傻地把钱塞进裤兜里。

女孩说:"有一出戏我很想看,你陪我去吧。"

他使劲地点头。

后来他们两个在一起,女孩告诉他,她从来就没有问人借过钱,那天问他借钱,是害怕他以后再也不会到课室外偷偷看她,要是再也见不到他,怎么办呢?问他借钱,是欺负他,也是找他麻烦,找个借口和他开始。

她是兵行险招,没想到这个傻乎乎的男生竟然真的把钱借给她。

喜欢一个人的时候,你找我欺负,我找你麻烦,我和你是如此这般地告白,后来分开了,你再也不会欺负我,当我有麻烦,你却也是我最不想找的人。

什么男人适合结婚？

你以为他相信婚姻吗？
他相信的只是陪伴，
只是习惯。

这么多年来，无数的人批评婚姻制度，可是，还是有无数的人奔向婚姻。婚姻有什么不好，我们都知道了。即便你从未结过婚，看着你整天吵架的父母，你都能够说出一百个婚姻没什么好的理由；然而，明明自己的婚姻毫不美满，这样的父母还是会催促自己的孩子结婚。

人生的荒谬莫过于此吧？已经清楚看到婚姻的百孔千疮，一百次想过离婚，最后没有离，住在同一屋檐下，互不瞅睬了，却认为孩子无论如何也是要结婚的。自己的婚姻不愉快，凭什么认为儿女的婚姻会不一样？

什么人适合结婚，什么人不适合结婚？谁又知道呢？

你喜欢孩子，喜欢家庭生活，喜欢照顾别人或者被人照顾，这样的你，也许是适合婚姻的。

你讨厌和别人一起生活，你喜欢一个人睡觉，你不需要别人照顾，你也不愿意照顾别人，这样的你，也许是不需要结婚的。

前天看了一个名导演的访问，今年已经六十多岁的他，依然单身。年轻时的他，长得好看，才华横溢，有名气又有钱，女朋友一个接一个。如今他承认，他不懂爱，他从来不会很爱一个人，他连家人也不怎么爱，他眼中只有工作，跟任何人的关系都很疏离。他很风流，年轻时经常带不同的女人回家过夜，然而，第二天一觉醒来，发现昨晚那个女人还睡在他身边，他会受不了。

这么多年了，他一直是个单身主义者，他不需要任何人。

这样的人，不结婚是好的，谁嫁给他谁就是自寻短见。

有些人的确是不需要婚姻的，他可以自给自足，他甚至不需要爱。

爱是什么啊？至少是需要陪伴，需要付出的。

要是你身边有些结过两次或者三次婚的男人,你会很唏嘘地发现一件事情。他第一次结婚的时候很年轻,娶的是他大学同学,年纪和他相若。他是个很优秀的男人,他的妻子和他同样优秀,甚至旗鼓相当,她是他的灵魂伴侣。

然而,这段婚姻终究无法长久,女人太优秀了,她有自己的事业,有自己的想法,她不甘于留在家里。她不会盲目地崇拜她的丈夫,当他得意扬扬的时候,她会直接指出他的错误。男人怎么受得了呢?这两个人是注定不能够一起走下去的。

许多年后,当他再婚,他娶的是一个比他年轻很多的女人,这个女人无论学识和聪敏都无法跟他相比,她崇拜他、仰慕他、爱他,心甘情愿侍候他。

百转千回,男人要的不过就是这样的女人吧。

他要的是陪伴。什么是陪伴?你把最多的时间给他,你全心全意地奉献,他是你生活的全部,也是你人生的全部。

你可能不是他此生最爱的女人,但是,他被你感动了,从来就没有一个女人像你这样,永远把他放在你前面,一切以他为先。他用什么回报你？他给你很多的钱、时间、感激和疼爱。

你是陪他度余生的那个人。

我见过太多这样的男人了，愈是出色的男人愈是这样。千帆过尽，女人他已经见过太多了，漂亮的、聪慧的、有本事的、可爱的……可是，这些女人都无法和他终老。

你以为他相信婚姻吗？他相信的只是陪伴，只是习惯。他是需要婚姻的，因为他比许多女人更害怕孤独终老。

男人什么时候才会长大？

他想要自由，却不想负责任；
他想撒娇，却更想撒野。

很久以前，曾经有位先生跟我说："要是你以为男人会长大，那你就是还没长大。"

男人真的不会长大吗？那么，女人什么时候才不会被气死？

不长大，可是，却会老去，男人难道是从小孩直接跳到老人的吗？男人有各种不长大的借口，但是，我也想说，女人又何尝想长大？说真的，我们也不想长大。长大有什么好？那么多的责任，那么多的工作，而且，长大了就会老。

不想长大的人愈来愈多。从前，人们大学毕业之后巴不得马上投身社会，工作、赚钱、追逐理想、认识这世界。而今，毕业之后不想离开学校的人多的是。只要赖着不走就好，转一个系，然后又转一个系。生物系毕业，再去读考古学，考古学毕业，再去读艺术，读硕士，读博士，什么都好，总之要千方百计留在大学里，一直读书，不要毕业，反正学费是父母给的。

留在学校就永远是学生，不用长大；一旦离开学校，就得自力更生，到时候多累啊。

从前我们都想长大，都急着长大，偷偷穿妈妈的高跟鞋，偷偷擦妈妈的口红，幻想着明天一觉醒来就已经是大人，从八岁一下子变成十八岁，终于不受管束，可以穿大人的衣服，做自己喜欢的事。

真的长大了，才又发现长大不一定那么好。明明老了，却不愿意承认，依然把自己当成小女孩，那是会被人嘲笑的。明明老了，还要撒娇，会让人受不了。明明老了，伤心和气愤的时候哭了起来，会被取笑这么老了还哭，自己都觉得不好意思；而其实，所谓老了，只是过了三十岁。

还是男人懂得伪装，他们穿上大人的衣服，假扮成大人的样子出来混，让你以为他真的长大了。

直到一天，你爱上了他，和他一起生活，你才渐渐发现，他心中有个老小孩，一直在那儿，从没长高，从没变大。

他想要自由，却不想负责任；他想撒娇，却更想撒野。他东西随处乱放，找不到就问你把他的东西放到哪儿去了。

他不高兴就给你脸色看，他心情不好就躲进自己的洞穴里不理你，你喊他吃饭，他说他自己吃。

他有自己的玩具，他生气了就不跟你玩，他也不喜欢你抱怨他花钱买那么多的玩具。

他极其顽皮，三心二意，从来都把你的话当作耳边风。

他做错了事只会很无辜地望着你，等着你一次又一次原谅他。

他喜欢找其他女孩子玩，他埋怨你这人太认真……

你以为你爱上的是一个男人，蓦然回首，你才惊觉，你爱上的是个老小孩，假如你忍心丢下他不管，他就会变成弃婴。

于是，本来也不想长大、本来也想永远做个大女孩的你，被逼着长大。

遇到一个长不大的男人，你开始怀疑，他会不会是你前世曾经钟爱过、后来玩厌了，不再喜欢玩的一件玩具，这一世投胎做人，找你报复。

你骂他不长大，他反过来问你："人为什么要长大？"

是啊，人为什么要长大？不长大多好啊，那就不会遇上一个长不大的男人，那就不用带小孩。

他是人间烟火，
他是细水长流

**请好好珍惜那个
每次都把最好吃的那块肉夹给你吃的人。**

剥虾壳也好，剥螃蟹壳也好，这些事，男女之间，谁喜欢做、谁更擅长就谁做吧。

我有个女朋友，她真的是很喜欢剥螃蟹壳，也剥得很好。大家一起吃螃蟹的时候，她不但帮她老公剥壳，也帮朋友剥。我要是和她一起吃螃蟹，我都让她帮我剥壳。谁喜欢就谁做呗，做得高兴就好，有些事，真的跟爱情无关。

我很爱吃虾，也不介意剥虾壳，剥虾壳还不容易吗？剥给对方我也愿意，两个人吃饭，互相喂一口，你夹菜给我，或者我夹菜给你，这是恩爱啊，不一定只能够是其中一个人做。当然，不是所有虾壳都是那么容易剥的，小龙虾和皮皮虾的壳就不好剥，我也不喜欢剥。

有个每次吃虾都帮你剥虾壳的男人当然是幸福的，但是，爱情并不只有餐桌，那个帮你剥虾壳的男人也是你欣赏的男人吗？他也和你一起进步吗？他聪明吗？他善良吗？他对你好吗？

女人要的不是一个只会侍候你的男人，我们为之感动的不是他为我剥虾壳，或者他夹菜给我吃，而是他日理万机还是那么疼爱我。如果那个男人什么也不做，只是天天侍候你吃饭，你可能又不喜欢他了。

我认识一位老先生和他太太，几十年了，太太吃饭的时候几乎是从来不动手的，先生都把菜夹到她碗里，她只要负责吃就好。她是那么娇纵，直到一天，先生生病了，再也不能陪在她身边，更别说夹菜给她吃了。她从此不吃饭了吗？当然不会啊。当她懂得珍惜，当她想夹菜给先生吃，他已经没法吃了。

可以夹菜给对方吃，也是幸福的。

我写过一本书——《幸福鱼面颊》，说的是一尾蒸鱼的两边面颊是鱼身上最嫩滑，也最好吃的肉。以前我不懂，直到有个人每次吃鱼都夹给我吃，我才知道这部分原来是最好吃的，此后都归我。

我小时完全不爱吃鱼，最爱吃虾和螃蟹，爱上吃鱼，是因为遇到一个爱吃鱼的人。他不但把鱼面颊都留给我，鱼下巴的那块肉也是我的，就跟面颊一样好吃。年少不爱吃鱼，后来爱上了，是因为一个人。

你爱一个人，总想把最好的给他，吃到好吃的，你都想留给他，你都想分他一口。

要知道自己爱不爱一个人，还不简单吗？吃到好吃的东西，你会不会自己舍不得吃，想要留给他？

如果不会，那就是不爱。

如果他竟然那么自私，吃到好吃的不留给我，我肯定会伤心。

爱并不仅仅是分甘同味，也是愿意付出。最好的一块肉，你留给他；美味的冰激凌，你想让他多吃几口；最后一颗巧克力，你会留给他。为了给他买好吃的、他喜欢吃的东西，你甚至愿意跑很远的路，只为看到他幸福的微笑。

那么多年来，每次吃鸡，他都把鸡腿和鸡翅夹到你碗里，自己吃其他部位的肉。你理所当然地以为他不是特别爱吃鸡腿和鸡翅，直到一天，吃鸡的时候，你偶然问起他最喜欢吃一只鸡的哪一个部分，他回答说：

"鸡腿啊。"

"还有呢？"你问。

"鸡翅啊。"他说。

那一刻，你看着这个男人，说不出地感动，这些年来，你多傻啊，竟以为他喜欢吃的是鸡胸和鸡背，没想过他其实和你一样爱吃鸡腿和鸡翅，他只是每次都让给你吃。

爱情哪里有那么多的大山大水呢？现实生活怎么可能每天波澜壮阔呢？再怎么不平凡的人，也有小日子要过，粗茶淡饭、家常小菜。他是人间烟火，他是细水长流，请好好珍惜那个每次都把最好吃的那块肉夹给你吃的人。

十句"你不爱我了",
十句都是款款深情

"我爱你。"
"你不爱我了。"

"你不爱我了。"这句话你什么时候说过?是闹着玩的还是哭着说的?

愿你这么说的时候都是闹着玩的。

与其问"你爱我吗?",我宁可说:"你不爱我了。"

不肯为我当跑腿,你不爱我了。

不肯帮我揉揉酸痛的腿肚,你不爱我了。

不肯陪我去跑步,你不爱我了。

不肯伸出手臂让我咬一口,你不爱我了。

今天晚上约了朋友,不能陪我吃饭,你不爱我了。

没有留心听我说话,你不爱我了。

问你我今天好看不,你竟然故意翻白眼,啊,你不爱我了。

这么晚了,叫你上床睡觉,你说:"你先睡吧。"你不爱我了。

只顾着看足球比赛不理我,你不爱我了。

说我做的菜不好吃,不肯全部吃光,你不爱我了。

我是宁可说一百句"你不爱我了",也不愿意说一句:"你是不是不爱我了?"

人生的悲苦,有时候,还不是自己讨来的吗?

什么时候你会问他"你是不是不爱我了"?那当然是你觉得他不爱你的时候。他爱上了别人,你凄凉地问:"你是不是不爱我了?"

你希望听到的是什么答案？是"我爱你"还是"我不爱你了"？自讨没趣的事情，何必要做呢？

心碎的时候，我可不愿意说"你是不是不爱我了"。我会选择沉默。没什么可以说了，再多的强求也只显出我的卑微。他要是爱你，当你沉默，他会心痛；他要是爱你，根本不会舍得你伤心。

我是宁可说"我爱你"，也不要问"你爱我吗？"。

从前不肯说这三个字，明明爱，也会藏在心底，等你先说爱我，害怕要是我先说了你就不稀罕；可是，当一个人经历了那么多之后，不幼稚了，才明白要是能够说一句"我爱你"是多么快乐。喜欢的时候就说吧，谁知道以后是不是也有机会说？

想说"我爱你"的时候就说吧，我的爱无须隐瞒，只想你知道，只想你听到觉得幸福。

觉得幸福的时候就把"我爱你"说出来吧，这是一个恋爱中的女人的由衷之言。

珍惜眼前人的时候，就大胆说"我爱你"吧，没有什么面子不面子的，首先说这句话的人不是输家，倒是赢家。我爱你爱到说出口，这三个字是我先说的，是我先把你占住的。

早上起来看到他，那一刻，觉得他很可爱，比平日更可爱、更好看，那就说"我爱你"吧，让他知道他是可爱的，让他知道有个人这样爱着他，这是爱情的礼赞，为什么要吝啬呢？

小小地欺负了他，那就亲他一口，笑着说："我爱你。"他听着，虽然嘴上说"没用"，但他心里是甜的。

看着他快要被你气死的时候，出其不意，厚着脸皮说一声"我爱你"。这也许是他听过最无赖的一句"我爱你"。

所有闹着玩的情话，其实都是款款深情。"我爱你。""你不爱我了。"若有永远，这两句话，我愿对你一直说到永远。

老公不上班

当你爱一个人，
你希望他的人生是有意义的。

　　李安成名前在家里待了六年，老婆上班赚钱，他负责在家做饭、带孩子。后来他成名了，苦尽甘来的不单是他，也是他老婆。那一年，李安凭《卧虎藏龙》拿到奥斯卡奖，记者访问他老婆，他老婆是个非常强势也坦白的女人，她说，李安失业在家做饭的那六年，她不是没有怀疑过，不是没有动摇过，可最后她还是咬着牙熬下去。既然选择了这个男人，就继续相信他吧。

　　当记者问她，李安成名了，生活和以前有什么不同，她也答得很可爱，她说："他啊，他还是照旧要去买菜做饭。"

　　李安太太是幸运的，她等到了。我听过太多故事，爱才又有本事的女人一直供养着她那个怀才不遇的导演老公，她深信他终有一天会吐气扬眉，终于等到这一天了，他成了大导演，她是那个慧眼识英雄的贤妻，可他却爱上了一起拍戏的年轻又美丽的女演员。

到底要不要养老公，真是千古艰难啊。

你不养他，他灭亡了；你养他，等他成功了，他爱的是另一个女人，你等于帮着另一个女人养老公。

李安是个好男人。《卧虎藏龙》的监制告诉我一件小事。那一年，李安的《饮食男女》大卖，也拿了奖，电影公司邀请他回台湾领奖。有天晚上，电影公司请李安吃饭，菜很丰盛，席上还有鱼翅，可是，吃到鱼翅的时候，李安忍不住跑出去哭了。监制追着出去问他怎么了，李安泪汪汪地说："我老婆和孩子都没吃过鱼翅，我太对不起他们了。"

可惜，并不是每个男人都这么好，也并不是每个男人都是李安，都能熬出头，都那么有才华。我认识一个导演，他老婆养了他十几年，看情况还得一直养下去。幸好，他这人就是命好，遇到的每个女人都很会赚钱，都养得起他，也都由衷地崇拜他，真心相信他只是运气不好，没遇上一个好剧本。

我常常说，导演啊，必须娶个有钱的老婆，那才可以一心一意追求艺术；艺术家总是要供养的。

我们很能接受女人结婚后不工作，让老公养；可是，一旦反过来，老公不上班，老婆去工作，却不是每个人都能接受。有一次，我坐朋友两夫妻的车，一路上，老婆同一句话说了三遍，她说："人还是要工作的呀。"这句话当然不是说给我听，是说给她老公听。她老公已经大半年没去工作了。这个男人的问题是，他根本不喜欢上班，他也没有动力去找工作。他老婆很会赚钱，他不工作也不会没饭吃，不会没有地方住，那他为什么要工作呢？

还是我另一个朋友豁达些，两夫妻商量过，既然老婆赚钱比老公多，那不如老公留在家里带孩子。

夫妻本是一体，谁花谁的钱也无所谓。可是，当老公不上班，女人总是觉得没安全感，也没面子。

不上班的老公，有一些是像当年的李安，是在挣扎，是在等机会，他自己都急死了；有一些老公，是根本不想上班，他讨厌为生活营役，他也懒惰；有一些老公，乐于被老婆养着；当然，还有一些老公，他家里太有钱了，他这辈子都没怎么正经做过事，你问他为什么不工作，他也许会问你："人为什么要工作？"

是啊，人为什么要工作呢？我们觉得老公工作赚钱是那么理所当然，因为我们相信男人因为事业而有意义，并不是因为事业而有价值。

当你爱一个人，你希望他的人生是有意义的，只有快乐是不够的，只会赚钱也是没意义的。

CHAPTER

02

第二章　我们都是孤独症患者

这个男人为什么不能给你安全感？

女人想要安全感，
就好像她想要一片永远属于她的土地。

吵架，分手，复合，然后又吵架，分手，又复合，心里还是爱他的，是舍不得的，他也答应会改，可这个男人就是给不了你安全感，还要继续下去吗？

你想要的安全感是什么？假若你说不出自己想要什么，别人又怎么给你呢？

男人永远不会真的了解女人，不会明白她在一段感情里是多么需要安全感。在男人的字典里，几乎是没有安全感这三个字的，他用自己喜欢的方式生活，用自己认为对的方式去爱一个女人，把他认为最好的都给她。直到一天，这个女人要离开他，说他给不了她安全感，他才发现，原来他是个给不了女人安全感的男人。

那是因为他不踏实吗？是因为他不努力吗？是他没有事业吗？

是他不成熟、不肯长大吗？是他不会赚钱？他情绪化？他太多梦想？他没主见？他不专一？还是他太吊儿郎当？

可是，即使一个男人很努力，也对你很专一，你也许还是会觉得他给不了你安全感。

安全感到底是什么？这么多年以后，我渐渐明白，安全感是一种感觉，你觉得有就是有，觉得没有就是没有。有的人即使拥有很多还是没有安全感，有的人一无所有却依然很有安全感。

你爱一个人，就会觉得他有安全感；不爱了，就觉得你想要的那份安全感是他给不了的；即使他答应会改，你也是不相信的。

这个人就是让你没有安全感，你绝望了。可是，你走了之后，还是会有其他女人爱上他，然后像你一样，蹉跎了岁月，终于因为他给不了安全感而离开，却也有些女人不介意他给不了她安全感，甚至觉得他让她很有安全感。

安全感好像是很实在的一样东西，却也很虚无。

男人说不出什么是安全感，他们也不明白女人为什么那么缺乏安全感。你以为男人不想成为一座可以依靠的大山吗？他想的，那多威风啊，只是他做不到，他就是做不到。

女人其实也说不出什么是安全感，是钱吗？是爱吗？这些难道不会失去吗？他明明那么爱你，为什么你不选择他而选择另一个人呢？因为他给不了你安全感，另一个男人却可以。

人为什么那么缺乏安全感？因为我们的心是残缺的。

女人想要安全感，就好像她想要一片永远属于她的土地。她明明想要追逐天上那颗闪亮的星星，却也想带上脚下的那片土地，那么，当她后悔的时候就可以回头，她也不用害怕会摔下来。

这有多矛盾也多贪婪啊！世间哪儿有双全法呢？

你爱着的这个男人到底是给不了你想要的安全感，还是给不了你想要的生活？

要是他两样都给不了，你还会爱他吗？

爱或者不爱一个人，你难道不清楚吗？当你安静下来聆听自己的内心，你是知道的，只是你不一定愿意承认那个答案。

每次看到他，你还是会微笑吗？你会想他吗？你想挨着他吗？你想摸摸他的脸、弄乱他的头发吗？抑或觉得无所谓了。

当他说爱你，你是会甜到心都软了，还是只觉得心中一片荒凉？

有些爱情会成为习惯，有些却成不了习惯，终归要散场。

爱情能够成为习惯是幸福的，成不了习惯，也就只能分开，我和你，从今以后，再去习惯另一个人吧。

这个男人为什么不能给你安全感？那不是他的错，而是你心里有太多的伤痕。

没有人可以给你绝对的安全感，安全感是你自己的，即使有个男人满足了你所有的要求，假使你的内心是有缺憾的，你还是会觉得没有安全感。人的一生，就是努力去修补自己的内心，从破碎到完整；又或许，从破碎到没那么破碎。

要如何把握爱情那个度？

谁说爱情有个度可以把握呢？

他对她百般迁就，她对他却是忽冷忽热。他爱爱情胜过爱自己，他爱的那个人却更爱自己。有时他很沮丧，他是不是太在乎她？在乎到诚惶诚恐，在乎到卑微，在乎到瞧不起自己。可他就是没法不在乎。

两个人一起，要如何把握爱情那个度？怎么才能够永远甜蜜？

谁说爱情总是甜蜜的呢？它也有苦涩和酸楚的时候，它也有很辣和很呛的时刻，它甚至会有淡然无味的一天。人生百味，在爱情里何尝不一样？只要爱上了，欢笑和眼泪总是轮番上场。

一个爱情至上的女人和一个爱情至上的男人，得到的待遇终究是不一样的。

一个女人，爱爱情胜过爱自己，没有人会责怪她，这就是女人啊。身边的人顶多担心她太沉迷恋爱，她却也许会遇到一个疼她的男人。可是，生而为一个爱爱情胜过爱自己的男人，注定是要吃苦的。

　　这样的男人，往往无法给女人安全感。他太柔情了，他花太多时间在女朋友身上了，这样的男人有时会让女人害怕，害怕他太黏人，太痴心，害怕他耽误了事业，变得一事无成。

　　那些爱事业胜过爱爱情的男人，反倒是迷倒很多女人。她嘴里说他太爱他的工作，抱怨他没时间陪她，可她心里却欣赏他为事业努力，也渴望他事业有成。

　　男女大不同，在这个节骨眼上，是永远不会公平的。

　　那些爱自己胜过爱爱情的人，也许是最幸福的。他们不会在乎一个人在乎到软弱和慌张，甚至荒凉。
　　他们太爱自己了，除了自己，其他都可以失去，都可以不在乎。
　　谁在乎谁就输了。只有当你不那么爱一个人，你才会对他忽冷忽热。因为你知道，即使这样，他还是会爱你。

当你爱一个人,心里也许有起伏,感情也可能要走过高高低低的路,今天很爱他,明天没那么爱了,后天又比前两天更爱一些。可你不会忽冷忽热,你不会舍得冷落你爱的那个人,你虽然不会每天搂着他亲,但你也不会每天踹他一脚。

如何把握爱情那个度?即使有人告诉你,你也许还是很难做到。爱情不会时时刻刻都是甜的,它不是一颗糖,不是樱桃果酱,也不是马卡龙,每一口都是甜的。它有时甜到让你眼睛也微笑,有时却把你酸哭了;它有时是苦艾酒,太苦了,你流着泪喝完。

如何把握爱情那个度,才不会在乎对方在乎到卑微,也不会让对方觉得承受不了,即使道理都知道,一时三刻你也许还是很难做到。

人很难改变自己,只有当你遇到一个人,他正好喜欢这样的你,你也就不需要改变,不需要因为把握不好那个度而觉得感伤和害怕失去。终日使你诚惶诚恐的,哪里是爱呢?

谁说爱情有个度可以把握呢?它本来就是没有法度的东西,它像水一样,是流动的,总是在变的,这一刻甜如蜜糖,下一刻肝胆俱裂,爱得死去活来,甚至无法无天,根本就无所谓法度。

假如爱情真的有一个度,就是有个人用爱来度你,你也用爱来度他。这一生,谁为你摆渡?是你爱的那个人。

曾经爱爱情胜过爱自己,吃了太多苦,才终于学会了,爱爱情,也要爱自己。度己度人,爱就是让彼此成就最好的自我。假使失去了自我,你的爱也是残缺的。

当他说他不喜欢你，
十二个回答

而你，是送了他一枚奖章的那个人，
他这一生，怎么可能忘记你呢？

你喜欢一个人喜欢很久了，这天终于鼓起勇气向他表白，可他却说：

"我其实没那么好。"

"我觉得我不适合你。"

"对不起，我有喜欢的人了。"

"别玩好吗？"

"别胡说。"

"别发神经,喜欢我干吗呢?去!去找别人!"

"我现在不想谈恋爱。"

"我觉得我们还是做朋友比较好。"

"我一直都把你当作我的兄弟。"

"我不喜欢你。"

"你那么好,将来肯定会遇到喜欢你的人。"

又或者,他什么也没说,一直沉默。

无论他说什么或者一句话也不说,意思只有一个,就是"抱歉,我不喜欢你"。

那你该说什么呢?总不能哇哇大哭吧?总得优雅地说声再见,

退后，退后，再退后，然后独自回去。

他说："我其实没那么好。"
那你就说："这我也知道，我本来想着，和我一起之后，你会变好。"
这下他肯定哑口无言了吧？

他说："我觉得我不适合你。"
那你就说："我也是这么觉得，不过我只是试试，你这么说，我就更确定你是不适合我的了。"
这一招虽然是惨胜，却也是反败为胜。

他说："对不起，我有喜欢的人了。"
你微笑看向他，说："太好了，我也有喜欢的人。"
说这话的时候别哭，只希望他不笨，能在两秒之内明白你话里的意思。

他是个好人，不想伤害你，笑着跟你说："别玩好吗？"
他人那么好，那你就厚着脸皮再说一遍："没玩，我是认真的。"
可他继续装傻，对你微笑说："都说了别玩。"
到了这一步，你也就只能装笑："哎，不跟你玩了，想骗你还真不容易。"

他说:"别胡说。"
你笑嘻嘻地回答:"我就是胡说一下,看看你什么反应,果然厉害哟,没中计。"

他说:"别发神经,喜欢我干吗呢?去!去找别人!"
哪里还有别人呢?可是,他都这么说了,你只好说:"哎,好像真的是有点神经不正常,好,好,我现在就去找别人,你别留我。"

他说:"我现在不想谈恋爱。"
你说:"哦,好,那我改天再跟你谈。"
说完转身就跑吧。

他说:"我觉得我们还是做朋友比较好。"
你马上堆出一张如释重负的笑脸,说:"对呀!朋友才可以天长地久,朋友才可以一辈子,一起了,说不定我很快就不喜欢你了。"

他说:"我一直都把你当作我的兄弟。"
你回答:"好!那你以后就是我的闺密了。"
这么说的时候要微笑,要像个哥们儿,别哭出来。

要是你觉得这么说有点煽情,也可以发挥一下你的幽默感,对他说:

"说好了啊,从今以后咱俩就是铁杆兄弟,谁也不离开谁,肝胆相照,生死相许,同喝一杯酒,同吃一碗饭,同睡一张床。"

他说:"我不喜欢你。"
你讪讪地说:"你这么直白,我也不喜欢你了。"

他说:"你那么好,将来肯定会遇到喜欢你的人。"
你点点头说:"嗯,会遇到的,我就是害怕到时候我不喜欢你了,所以我先跟你说。"
你也可以说:"嗯,他本来在来的路上,遇到你之后,我已经马上叫他滚回去了。"

他什么也没说,一直沉默。
与其等他开口说出什么让你伤心的话,你不如抢先说:
"你用不着现在就回答我,我的这份喜欢是没有赏味期限的。"
听到你这么说,他无论如何也会有一点感动吧?假使他竟然无动于衷,这个人也不值得你爱。

当你喜欢的那个人说他不喜欢你,你需要的只是一个台阶,让你可以款款地走出去。

　　他不喜欢你,他这天拒绝了你,害你笑着跑走,然后躲起来大哭一场。但你知道,他会永远记得你,他会记得,曾有一个人,如此坦率地向他表白,然后憋住眼泪自己给自己打圆场。

　　余生之中,当你已经忘记他,甚至不再喜欢他了,他偶尔还是会想起你,想起你是那个曾经向他表白而又挺风趣的人。
　　被人喜欢,终究是生命里一枚小小的奖章;如果对方是个优秀的人,那就是一枚大大的奖章;而你,是送了他一枚奖章的那个人,他这一生,怎么可能忘记你呢?

异地恋是不是终归会败给距离？

相隔那么远，
见一面那么难，
甜蜜、心碎，又甜蜜，
这等待满含泪水却也会绽放如花。

很多年前在电影节看过一部台湾新浪潮电影，我记得的故事是这样的：男生在美国，女生在中国台湾，那时候还没有手机和互联网，两个人分隔两地，只能靠书信来维系感情。他们很爱对方，信写得很勤，几乎每天一封。女孩住在乡下，每天早上，她忙完手上的工作就会在窗边抻长脖子等着老邮差来送信，那是她一天里最幸福的期待。

老邮差退休之后，新来的小邮差继续每天来送信，几年后，女孩嫁给了这个每天都见到面的年轻的邮差。

这个故事是否有点悲凉？

异地恋，有些开花结果，有些渐渐凋零。

无论是不是异地恋，都是会这样的吧？即使两个人生活在同一个城市,甚至住在一块儿,天天见面,厌倦了,不爱了,有一天也许还是会散场。

女孩爱上了每天为她送来情信的邮差,邮差也爱上了这个每天等着他来的女孩,那个天天给女朋友写信的男生却失去了他爱的人。电影故事既悲凉也有点嘲讽,思念是否终究比不上每天的陪伴?深情太遥远了,是否终归会败给距离?

说说我一个老朋友的故事吧。

他当时在英国进修,女朋友在中国香港,那时不仅没有互联网,就连打一通长途电话也不容易,电话费很贵。他们约好了隔天通一次电话,每隔一天,到了和女朋友约定的时间,他匆匆从他住的宿舍跑到学校另一幢大楼的电话间打电话。刮着风的冬天,走在路上,他整个人都冷得发抖。但是,最磨人的还是等待,每天这个时候,大楼里早已经挤满了来打电话的学生,每个人脸上的神情都是又焦急又期待的。

排队的人很多,等待的时间很长,可是,每个人拿起电话顶多也只能说几分钟,无论多么舍不得,也要挂上电话,让给后面等着的那个人,他见过一些女孩子一挂上电话就哭了。

几年后,他毕业回到香港,女朋友变成了他的太太。

时隔多年,他早已满头花白,说起两个人的爱情故事,他最怀念的竟然是那时候隔天打长途电话回来给女朋友的点点滴滴。那时觉得两地分隔很苦,每次不得不放下电话心里都很难受,男子汉大丈夫却不能在别人面前哭。这么多年过去了，那些苦涩的时光却是青春日子里最甜蜜的回忆。

异地恋是否可以修成正果？就像所有爱情一样，有些可以，有些不可以。

你曾尽了最大的努力，你曾幸福，你曾哭泣，你曾如此想念一个人，要是最后败给距离，那也无愧了。

没有人可以告诉你异地恋怎样可以成功，就像有些爱情会成功，有些爱情终归要散场。

每一段爱情也不一样，要不要坚持下去，要看你有多爱他，你能为他忍受寂寞和孤单忍受多久，你又能为他抵挡多少诱惑。

我只可以告诉你，你可以没那么寂寞和孤单。

当那个人不在身边，你要过好自己的生活，不要那么依赖。当你把时间留给学习，留给工作，当你独立些，当你生活充实些，想念就没那么苦。

爱情当然需要陪伴，可是，有个人天天陪在你身边，嘘寒问暖，但你不爱他，你也不会想念他，这陪伴是不幸福的，也不会是你想要的。

你爱的人，为什么离你千里之遥？他也是为了自己的人生而努力，他不会永远都离你那么远，总有一天会相聚。

你当初是可以选择的，选择了开始，就要明白思念会苦，就要明白陪伴的意义在你们两个人之间是跟其他人不一样的。

你们的思念更深,你们的陪伴更不容易,你们的期待满含泪水。

一个人的时候,学着好好过自己的生活吧,当你有自己的生活,当你也在为自己的人生而努力,思念就没那么难受。

爱的那个人在千里之外,摸不到,够不着,分分合合,有时觉得不那么爱了,不想继续了,说过不下一百次分手,甚至也爱过一个在身边嘘寒问暖的人,想要过另一种生活——一种思念没那么苦的生活。然而,最后还是舍不得,还是留下来了,原来还是爱的,是无法跟你说再见的,是不愿意散场的,这也是幸福。

相隔那么远,见一面那么难,甜蜜、心碎,又甜蜜,这等待满含泪水却也会绽放如花。等到了,牵着手回去;等不到,那双牵过的手,掌心里也曾开过一朵小花。余生漫长,不会再见了,可每次打开手,也还是记得那儿曾经开出过一朵早夭的花,那是最苦也最甜的思念。

要是前任真的有那么好……

若有前任，
女人的幸福就是有很好的前任和更好的现任。

假如一个女人最爱的是前任，对她最好的也是前任，那应该是一出悲剧吧？要是前任真的有那么好，又为什么会成为前任呢？

成为前任总是有许多理由的，时间不对、个性不合、日久生厌、移情别恋……有人对前任恨之入骨，有人虽不恨前任，却也决定老死不相往来，有人干脆否认自己爱过那个人，最好不相见，假如再相见，我要活得比你好，只愿你看上去比我老三十年。

一别两宽，各生欢喜，这场修行太艰难了；假若做不到，也不是人品的问题，而是各有前因。

我曾见过的一对前任，或许堪称经典。多年前的一个夜晚，表哥拉着我和他三个老朋友吃饭。我的表哥比我大十几岁，他的朋友也都有些年纪了。这三个朋友，两男一女，是老同学和好朋友，都是很健谈的人，其中一男一女也是一对表兄妹。酒酣耳热之际，我问那个做表哥的："你对你表妹好不好？有没有我表哥对我这么好？"表妹没说话，那表哥尴尬地笑笑，回答说："哎，挺好的。"

饭后，表哥送我回家，告诉我，那表哥是表妹的前夫，他们的朋友是表妹的现任丈夫，虽然关系有点复杂，但三个人的感情一直很好。

我压根儿没想过表哥会娶了表妹，和表妹离婚后又和表妹的现任，即表妹夫那么好，现在的表妹夫又是两个人的老同学。难怪当我问那个表哥对他表妹好不好的时候，他一脸尴尬。

那顿晚饭之后没多久就是圣诞节，我又应邀去表妹和现任的新家过圣诞。那天一进门，我就受到女主人的前任，即她表哥的热情款待，原来他也在，当天负责掌厨。我跟着他到厨房看看，发现厨房的东西放在哪里他全都很清楚，肯定是常常来做菜和吃饭的。

能够好到这个份儿上，也是三个人的福气。

看着别人的故事，我着实惭愧，我真不是一个特别大方的人。对我来说，前任能不见就不见吧。他比不上现任，是我命好；他若比现任好，那是我命苦啊。

男人和女人终究不一样，男人或多或少对前任余情未了。我认识一个男人，他那前任差劲到不行，他也清楚地知道这个女人和他在一起的时候根本不爱他，只是玩弄他和背叛他，可是，这么多年过去了，他心里还是有她的位置。

然而，对女人来说，最好是没有前任吧，那就是从来没有失恋过，也没受过伤害，一爱就是现任。

若有前任，最好能够是一个有情有义，也任劳任怨的前任。她离开他了，甚至不再爱他，但他一直默默守护她，始终爱着她，随时等候她的召唤。若她需要，他会为她赴汤蹈火。

世上真的会有这样的前任吗？在女人心里就是会有这份梦想、幻想、妄想和希冀。

可是，那个可以为你赴汤蹈火的前任后来会不会也有爱的人呢？若他爱上了别人，不是应该对现任更好吗？他怎么可能同时守候两个女人？何况，其中一个已经是过去式。他要做好一个现任，就不可能同时做一个很好的前任，人生的两难啊。

那个很好的前任，你希望他幸福，若他心里一直有你，那自然是更好；至于那个很坏的前任，算了吧，你根本没爱过他。

若有前任，女人的幸福就是有很好的前任和更好的现任。

爱恨就是执着，当爱情消逝，能够放下执着，变成亲人，甚至比亲人更好，那得需要多少福气？此后各生欢喜，也各自与另一人终老。

前任，果然是一场艰难的修行。

曾经喜欢一个人喜欢到难过……

其实，更多的时候，
当你喜欢一个人，
根本说不出喜欢他什么，
只能说："我就是喜欢。"

人的一生，是否总难免会有一次，像中邪一样爱上一个人？说不出为什么，也说不出那个人有什么好，但就是着了迷，就是舍不得放手，不幸的是，你这样爱着的人却不爱你，只有你一个人中邪。

他爱上一个女孩子，也向她表明过心意，可惜，每一次表白，她总是说，跟他只能做朋友。他并没有因此而气馁，他以为，只要他不放弃，终有一天会感动她。

可是，他最近觉得有点累了，每一次跟她聊天，她都是不冷不热，不拒绝，也不特别高兴。她从来不会主动找他，可怜的他，像一条忠心的小狗那样，成天想要巴结她、讨好她。早上起床、晚上睡觉前，他满脑子都是她，他累坏了，却也觉得很幸运，至少她肯让他留在身边，她愿意跟他聊天啊。

他不知道还该不该坚持下去，女孩是否也有一点喜欢他？

这个世界上，大概只有他一个人看不出来吧？这个女孩子不喜欢他啊！

她都说了只能做朋友，跟你聊天也似乎是在敷衍你，那你又何必纠缠？

每晚睡觉之前满脑子都是她，那就尝试找些别的事情做吧，总有一天会习惯的。不属于你和不爱你的，你怎么想也不会变成你的。

当你好像着了魔似的爱上一个人，可否问问自己，你喜欢她什么？

你说得出来吗？要是说得出喜欢她什么，那就试着放下你所喜欢的那一点。譬如说，你喜欢她长得漂亮，那就告诉自己，这漂亮的脸不会对你微笑，不会因为你幸福而幸福，不会因为你难过而难过，而且也是会消逝的。

你喜欢和她一见如故的感觉，你总觉得跟她很久以前已经见过了，可她完全没有这种感觉，那应该就是你自作多情，认错人了。你前世的另一半在别的地方呢，快走吧。

其实，更多的时候，当你喜欢一个人，根本说不出喜欢他什么，只能说："我就是喜欢。"

说不出喜欢他什么，那么，你的喜欢应该很容易就可以放下，你只是需要一点时间。

喜欢一个人，但她不喜欢你，那就先往后退几步吧。

不纠缠，说不定她会想念你。

你每天找她，她不珍惜，你三天不找她，她会奇怪你为什么不见了；你一星期不找她，她会想你，她会开始怀疑自己是否也有一点喜欢你。

但只是怀疑而已，当你再一次出现在她面前，她又不喜欢你了。

她终归是不喜欢你。

真的喜欢你，怎会舍得对你不冷不热呢？

要是真的很喜欢这个女孩子，那就默默等待吧，让她知道，当她需要你，你会在她身边，这不就已经足够了吗？一个被拒绝的人所能做的，也就只有这么多。

与其做一只成天跟在她屁股后面想要讨好她的可怜小狗，不如做一只守在门口的大狗，虽然孤单却也骄傲些，然后，说不定就可以慢慢离开那个门口。

你可以喜欢很多人，可并不是每一次都有回应，那你就接受这个结果吧。不冷不热的聊天有什么意思？每天带着一个不喜欢你的人进入梦乡，那多傻啊。

人生还有很多值得努力的东西。你喜欢的人不喜欢你，那就当是失恋吧，失恋一次，也就长大一次。直到你很老很老了，不想再长大了，失不起恋了，你也就不会再喜欢一个不喜欢你的人。

有一天，你会遇到一个你喜欢她，她也喜欢你的人，你会成为一个温柔的男人，你要好好爱这个女孩子。从前的苦涩回头再看，都不算什么。

曾经喜欢一个人喜欢到难过，喜欢到夜不成眠，喜欢到孤单也自卑，喜欢到以为自己再也不会喜欢任何人，这样的单思终究是会过去的。情深不寿，一生中一次邪就已经够了，太累人了。

单思若是美好，
只是你自个儿的美好

你表白过，
而对方也说了不合适，
那就请回吧。

　　有些人，到底是傻还是以为自己有用不完的青春可以浪费？

　　这个女孩子曾经暗恋一个男生超过十年，最后落得空手而回，而今又爱上了一个不爱她的。

　　她喜欢这个男人，可他只是把她当作好朋友，不介意她的陪伴，也喜欢找她倾诉。这天，两个人聊着聊着的时候，她终于鼓起勇气向他表白。听完她的表白，他有点为难地说："我们不合适。"

　　她只好假装没事，继续听他倾诉。

他告诉女孩，他喜欢了一个人，却不敢向那个人表白，也没打算表白，他害怕被自己喜欢的女孩拒绝。他说，与其生生被拒绝，不如藏在心里，这样就不会受伤害，这样也高贵些。

这话刚说完，他却又问她，怎样可以打动他喜欢的那个女孩？

于是，她摇身一变，当上他的参谋，鼓励他去追求他喜欢的那个人。

她毫无私心，只是想他快乐。

她心里想，他说我们不合适，或许是因为我这个人太主动了，要是他喜欢的那个女孩不喜欢他，拒绝了他，让他伤心，那么，他也许还是会回到我身边，然后我会改，我会努力变成他喜欢和他觉得合适的人。

怎么会有这么傻的人呢？

"我们不合适"就是"我没爱上你"的同义词，同样是五个字，只是听起来委婉些而已。爱就无论如何也合适，不爱就无论如何也不合适，就是这么简单。可是，人有时还是会自欺欺人，以为只要改变自己去迁就对方，说不定就可以变得合适，却不肯承认所有的"不合适"几乎都不可能扭转过来，这样的幻想，最后留下的只有幻灭。

每个男人喜欢的女孩子都不一样，想要变成对方喜欢的人，这种想法也太没自信了。假如你不是这个男人喜欢的类型，难道你要为他改变吗？即使你愿意改变，你也做不到，你怎么可能成为别人呢？要成为别人才能够被爱，也太卑微了。

人只能够成为自己喜欢的人。从今以后，你曾经暗恋和单恋的那个人喜欢什么人，爱上什么人，有没有受伤害，都跟你无关了。

暗恋也好，单恋也好，给自己设一个期限吧，期限到了就收手，不收手只会一直卑微下去。假如这份卑微能够开花结果也就算了，可惜，卑微多半是感动不了对方的，翻山越岭，长歌当哭，到头来，只是感动了自己，只能听到自己的回音。

何况，你都表白过了。
你表白过，而对方也说了不合适，那就请回吧。

有些男人并不值得你的一往情深，他不会成为你真正的朋友，他只是找个人听他说话，只是享受崇拜，只是寂寞的时候想找个女孩子暧昧，或者找个女孩子告诉他怎样去追求别的女孩子。

这个人说你不合适，难道就没有觉得合适的人吗？没有就没有吧，请再也不要为那些对你没意思的人蹉跎岁月，你所浪费的每一年、每一天、每一分、每一秒，都是从你一生的日子中扣减的。

你一个人也可以过得很好，但是，你知道，那只是自我安慰，那肯定不会是你最想要的结局。

有个人陪你走人生的路，那多好啊。

有个人陪你回家吃饭，有个人被你欺负，有个人生死相许，那多好啊。

如果可以，为什么要孤单呢？但你必须是我爱也爱我的人。

有一天，在合适的时候，你会遇到一个合适的人，两个人一起就是这么自然的事，哪里会需要你一个人红着脸、颤抖着去表白呢？又怎会要你苦涩地鼓励他去追求别人那么荒谬呢？

青春太匆匆,没有时间耗在一个不爱你的人身上。单思若是美好,只是你自个儿的美好,也只是你自个儿的甜蜜与苍凉。四顾无人,为什么要留下呢?你是在留恋自己的留恋吗?

青春也有黄昏,再怎么漫长的单思和暗恋,也总得有个归期。远方车站传来了钟声,天色已晚,列车要开了,你也该走了,这钟声为你而鸣,你明明是听到了,别再假装听不到。

为什么你总是失恋？

一个人想要过得好，
眼光太重要了。
眼光也就是品位。

一个女孩子问我，为什么她总是失恋，是不是因为她每次都喜欢长得帅的男孩子？

失恋跟你是不是只爱那些长得帅的男生没有半点关系吧？即使你爱上一个长得很平凡的男人，也是会失恋的。我只能说，有些人运气比较不好，每次恋爱都没有好结果，没办法，这个世界上总有些人是比较倒霉的。

然而，假使一个人一次又一次失恋，除了倒霉，也有可能是她眼光不好，老是选了错的人，这就像有些女孩子常常买错衣服，常常爱上不适合自己的东西。她明明长得不错，身材也挺好的，可就是不懂选择，就是眼光不好。

一个人想要过得好，眼光太重要了。眼光也就是品位。

可惜，每个人都有眼光不好的时候。品位这东西，也是需要培养的。

我们曾经如此相信自己第一眼就喜欢的东西，后来才知道那时的眼光还不算好，甚至很糟。

所有的喜欢都是从外表开始的吧？至少是初见时不讨厌，是不是可以走下去，又是另一回事。

假如你连那个人的外表都不喜欢，哪里会想和他开始呢？哪里会想认识和了解他呢？那又怎会有机会从一开始的喜欢变成后来的爱？

当你走进一家时装店，你挑的是你第一眼看到就喜欢的衣服，然后才拿去试穿。好看的衣服你不一定就穿得好看，但是，不好看的衣服，你根本不会去尝试。有些衣服，你第一眼看到可能觉得不算很好，姑且拿去试试，没想到穿在你身上竟然很好看，很适合你。有些衣服，你从前绝不会喜欢，你非常肯定那不是你的风格，可是，若干年后，你居然发现，你穿这种衣服也挺好看；反过来，有些衣服你现在很喜欢，说不定有一天不再喜欢了。

我从来没喜欢过豹纹，可有一天，我买了一双豹纹的平底鞋，觉得我穿还是可以的。我曾经只喜欢黑色的衣服,后来却也爱上绿色、米色和紫色。人的喜好和品位不是一直都在变吗?但你会希望是一直变好,否则也就太辜负自己了。

买蛋糕的时候,你肯定会挑那一块看起来很好吃的蛋糕。什么是看起来很好吃的蛋糕?通常就是你觉得最好看的那一块。有时候,好看的果然也好吃,可有时候,你也会受骗。喜欢一个人的外表,并不肤浅,人都喜欢好看的东西,但你的眼光应该不止于此。时间和经历,还有你所受过的伤痛和挫败也许老了你的一双眼睛,却也让这双眼睛变得深邃些、清澈些,能看得远一些。

外表给了你一个开始的机会,却唯有内在的东西才会持久。喜欢可以是一刹那,爱,毕竟还是需要一点时间。

外貌赢到你的第一眼,却不是一切。有些人的外貌不吸引人,但是,当你认识他、了解他,当你和他相处,你会渐渐爱上他,他本来不怎么样的外表渐渐也会变得好看。哪儿有十全十美、毫无缺点的人呢?再好看的人也会老,如果只爱一个人的外貌,当他老了,当他变胖和变丑了,你就不爱他了吗?

合得来比什么都重要,否则,外貌只是一座雕像。谁又会深深地爱着一座冷冰冰的雕像，会为它哭和笑，会为它无悔地付出，会想和它共度余生？

没有人可以告诉你怎样可以不失恋，但你可以努力提升自己的眼光和品位，要是你吃过的苦、你受过的伤和你流过的眼泪并没有使你长大些，那就太不值得了。

一天，你可以原谅那个变了心的人，但你不能原谅自己当初没眼光。

曾经的泪光终究晶亮了你的一双眼睛，然后你知道，会看人，也会看自己，是多么重要。

我们都是孤独症患者

单身好还是两个人好?
无论结局如何,
也许都难免会有遗憾吧?

人都是矛盾的动物,孤单的时候渴望恋爱,身边有伴的时候却又渴望偶尔可以享受孤独的时光。无论单身抑或不是单身,到头来,每个人都会成为孤独症患者吧?

我们不害怕孤独,我们害怕的是没有质量的孤独。

韩国一群研究员最近研究分析了八千人的饮食习惯,他们发现,单独吃饭的男女,罹患高血压和糖尿病等慢性病的比例较高,常常单独吃饭,也更容易肥胖。单独吃饭的男人,情况比单独吃饭的女人更糟。

单独吃饭,意味着没有人陪你吃,你吃什么都可以,没人管的男人，更倾向于乱吃和吃很多。

单独吃饭，除了增加慢性病的风险，也是早逝的因素。说到这里，你害怕吗？

不过，单独吃饭也不是没有好处的，长期单独吃饭，你再也不用担心孤独终老，因为你很有可能没机会孤独终老，而是孤独早死。

这样的孤独毫无质量。

人生的漫漫长路，找的就是那个陪你吃饭的人；所谓归宿，也离不开饮食男女。

当那个余生会陪你吃饭的人还没出现，你是否依然可以活得精致些？

你不是光棍，也不是单身狗，你只是刚好单身。

英国人是最懂得和孤独共处的民族，只要一本书、一杯咖啡、一杯麦芽威士忌、自家的一个小花园、一条小狗或者老狗、几样嗜好，他们就可以一个人过一天，日复一日，不需要另一个人的陪伴。

我们太爱热闹，太缺乏安全感，也太需要存在感了，无法好好享受孤独，总觉得孤独是坏事。

人生中有个伴侣同行当然是幸福的，两个人一起走路，虽然比一个人走要慢一些，却也可以走远些。可是，人有时就是会单身。

世上也许没几个人是主动选择单身的，我们太知道了，每个人孤零零地来到这个世界，终归也会孤零零地回去，那么，活着的时候就让我身边有个人吧。

渐渐你发现，身边单身的人愈来愈多，不都是失恋的，也有从来没恋爱过的，还有不结婚的。这个世界已经不一样了，早就不是农业社会，不是每个人都需要成家、生儿育女，然后一起下田耕种。而今，单身也可以活得很好，但你首先得有单身的条件。

人追求的当然不是财富，但必要有足以维持尊严的生活，使自己能够不受阻扰地工作，能够慷慨，能够爽朗，能够独立。

毛姆《人性的枷锁》这一段写得多好啊！但我还是想再续几句，能够慷慨，能够爽朗，能够独立，这样还是不够的，财富也让你能够选择，能够单身。

当你有足够单身的钱,你才可以活得精致。

单身而精致,谁会觉得你不快乐呢?

慢慢地,慢慢地,你发现,幸福可能很简单,就是手里有点闲钱,身边有可以爱的人,有喜欢的音乐、电影、书和艺术,有向往的东西,有健康的身体,有可以追逐的梦。

那么,是否也需要有美好的回忆?当你老了,往事依稀,渐渐都不记得了,回忆只是幻象,有或者没有都不重要了。这时候,要是你身边有伴,你都记不起那些单身的日子了;要是你身边没有伴,你也想不起那些曾经有伴的日子。

单身好还是两个人好?无论结局如何,也许都难免会有遗憾吧?我们终究都是孤独症患者。

十个瞬间,
你知道他不爱你了

一个又一个肝肠寸断的瞬间,
你终于清醒过来,
接受爱情的消逝。

　　你什么时候不爱一个人,你是知道的;只是,你也许会继续欺骗自己,跟自己说,他那么好,我是爱他的;都一起那么多年了,离开他,去爱别人,也不一定就比现在好,不见得会比现在幸福。

　　你爱的那个人什么时候不爱你?你也是知道的。有些瞬间,你明明看到了,却选择看不到;看不到,也就不需要面对。然而,你一次又一次假装看不到,终归还是躲不了。

　　他不爱你都已经到了这个程度,还能躲吗?

　　他什么时候不爱你了?

他变得尖酸，时常挑剔你，尤其是你的外表。

你特地为他打扮得漂漂亮亮，他不但不领情，还反过来问你为什么穿成这样，说你这样一点都不好看。你稍微胖了一点，他就当面说你屁股怎么越来越大？腿也粗了很多。

你以为他真的在意你的外表吗？他只是对你再也不感兴趣，他厌弃你了。

有一刻，他看你的时候，与其说看着一个自己爱的人，不如说他就好像看着一个陌生人，眼里只有寒意，而你看到的，是自己的卑微。

他开始跟你计较。

他不再送你礼物，你花他的钱买东西他会抱怨你怎么那么爱花钱，他再也不是那么舍得为你付出。你的生日和节日，他说他没时间去买礼物。

曾几何时，他豪气地说："我的钱你随便花！我赚钱就是为了让你有钱可以花，否则，我赚再多的钱又有什么意思呢？"

可是，他现在不这么说了，钱是他的，跟你无关。

当他突然跟你计较金钱的一刻，你看到那个你不曾见识过的他，他眼里没有你，只有他自己。

他无视你的要求。

你说很久没回去看爸爸妈妈了,他听到,却不答话,没说陪你去。你说很想去旅行,他不置可否,不见得很想去。你愈来愈卑微了,都不敢提出什么要求。有一天,气氛好像比较好,你鼓起勇气问他要不要陪你去同学会,他回避了你的目光,没回答。一瞬间,你看到他躲避的眼神,他已经不想再和你一起去见别的人。为什么不想?你不是这么笨吧?当你打算跟一个人分开,你还会带他去见你的家人和朋友吗?

他不再跟你说心事。

他以前什么都跟你说,你们两个总有说不完的话,可是,现在他什么都放在心里,根本不想说。他总说他很忙,很累,你埋怨他什么都不告诉你,他反而生你的气,说你不体谅他,说你烦。当你跟他说话,他不是看手机就是一脸不耐烦,你说的话,他再也不觉得有趣了。

当你问他:"你有没有在听我说话?"他冷冷地朝你看一眼,那个瞬间,你突然明白这个问题问得太笨了。

他喜欢找碴。

曾经他是那么容易相处,那么迁就你,可他越来越喜欢在你身上找碴。你做错一件小事,他也可以大发脾气,你无论做什么都不对,做什么都做不好,你就是个笨蛋,就是个没有用的人,他都懒得跟你吵了,也懒得听你解释。

当他再一次找碴的瞬间,你发现眼前这个人就像从来没有爱过你一样。

他不再着紧你的眼泪。

当你在哭,他再也不会像以前那样六神无主,再也不会急着安慰你,问你为什么哭,他也不会凑过来搂着你。

你泪汪汪的眼睛看向他,那一刻,你看到的只有厌烦。你这才知道,你的眼泪今后再也无法打动他了。

他未来的计划再也没有你。

他很少跟你说将来的事,他未来的计划里再也没有你的一份,他和家人朋友的聚会,很少带着你去,双双对对的朋友说着两口子将来的事,他都不插嘴,甚至一副兴趣缺缺的样子。

你看着你快乐的朋友,再回头看看他,那一瞬,你知道你和他的将来太渺茫了。

他很久没有牵你的手了。

两个人出去，一路上，都是各走各的，话也少说。天冷了，他宁愿把两只手插在裤子的口袋里也不要给你牵着；天气热的时候，你拉着他的手，他说了声："热呢。"然后把你的手甩开。

你苦涩地走在他后面，看着他的背影，明白他只会越走越远。

他变得自私。

以前他会先为你想，如今他只为自己想。以前，无论多么晚和多么累，他都会熬夜送你回家，现在却叫你自己打车回家。

曾经被他捧在掌心里宠着，而今的你再也不是他的优先。你哭着问："你是不是不爱我了？"他给你的只有沉默。

就在这个瞬间，你看出了爱情的无常，却偏偏不肯放手。

他已经很少碰你了。

那些甜蜜的厮磨再也没有出现了，他总是避着你，等你睡了他才睡，你醒着他就不进睡房，宁愿睡在客厅的沙发上。半夜里，你在床上搂着他，他假装睡着，转过身去背对着你。你能做些什么呢？难道你可以主动脱掉一个男人的衣服吗？你做不到，那太卑微了，你还不至于。

有天晚上,他喝醉了,不知道是出于需要还是怜悯和内疚,他主动靠过来和你亲热,然后,他抱着你睡了。看着他熟睡的眼睛,你看不穿,看到的只有自个儿的悲凉。

一个又一个肝肠寸断的瞬间,你终于清醒过来,接受爱情的消逝,就像你接受时间的消逝。有些东西,就是会过去。

人生最大的奢侈原来是那个始终爱着你，
能够陪你过寻常日子的人。

爱恨就是执着,当爱情消逝,
能够放下执着,变成亲人,甚至比亲人更好,那得需要多少福气?

此后各生欢喜,也各自与另一人终老。

当你足够强大，谁敢唠叨你？谁敢催促你？
你一个人过得那么好，又自主又独立，不需要任何人养你，
谁会担心你孤独终老呢？

充满好奇心和拥有一颗童心的人都不怎么老。
你要对世界、对身边的一切好奇，你要活得比昨天好一些，
你对这世界要永远怀着纯真的渴望。

v

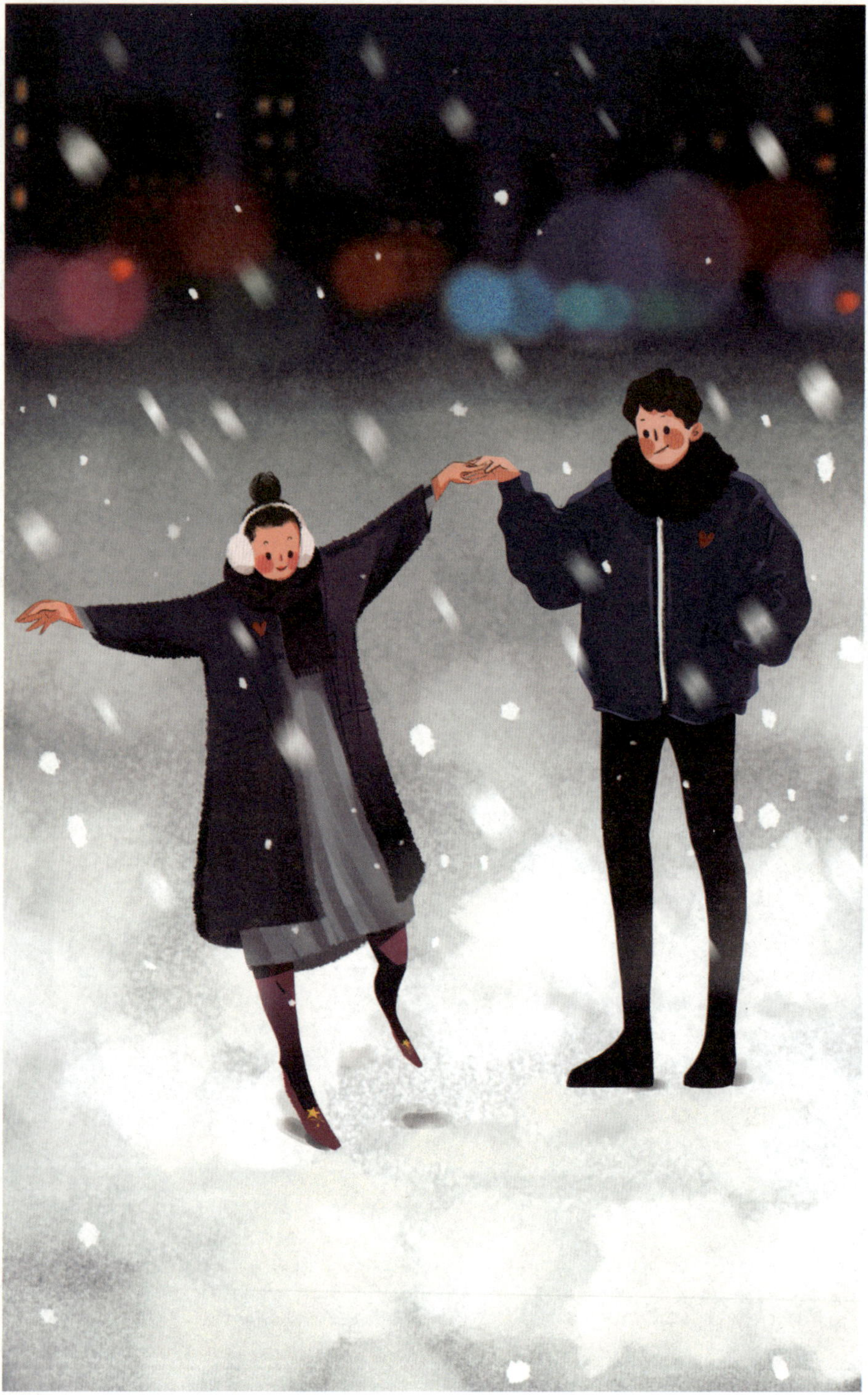

我见过你最好的模样，
但我更期待和你一起渐渐变老。

曾经爱爱情胜过爱自己，吃了太多苦，
才终于学会了，爱爱情，也要爱自己。
度己度人，爱就是让彼此成就最好的自我。
假使失去了自我，你的爱也是残缺的。

有一种挚友，
叫前妻

历尽劫波前妻在，
相逢一笑泯恩仇。

　　A先生因为有第三者而离婚，离婚之后，小三却离开了他。天性多情的他后来又换过几个女朋友，一个比一个年轻。虽然各有各的生活，也很少见面，但是他和前妻多年来始终保持着良好的关系。他手头拮据的时候，是前妻借钱给他周转；他事业低谷的时候，前妻是唯一肯每天听他倾诉的。前几年，他得了肝癌，女朋友都离开了，回来照顾他、陪他看病的也是前妻。

　　B先生风流成性，太太终于受不住跟他离婚。离开了太太，他的人生跌宕起伏，赚过大钱，也赔了很多，破过产，然后又东山再起，不幸又输一次。一穷二白的时候，他得了肺癌，收留他住在自己家里，拿钱帮他治病，陪他度过手术前后那段最痛苦的日子的，是前妻。

C 先生的太太是他的大学同学，那时他只是个穷小子，后来他事业成功，夫妻俩却渐行渐远，他爱上了另一个女人。两人离婚多年，居然是前妻过得比他好。当他得了胰腺癌，身边没有别人，衣不解带照顾他，陪他走完人生最后一段路的，是前妻。

这三位先生都是我的朋友。

都说最动人的一句情话是"我在"，其实这句话不见得只能够出自一个深情男人的口中，也有可能是一个肝胆相照、义薄云天的前妻。不再是夫妻了，然而，当你穷困潦倒，当你失恋，当你得了重病，当那些跟你风花雪月的女孩一个个离去，前妻说："我在。"

历尽劫波前妻在，相逢一笑泯恩仇。

她并不是一直在等你，也不是还爱着你。你不爱她，她也不爱你了，更不想跟你复合，即使你想和她复合，她也不愿意。

她为什么对你那么好？前妻就是一种命。

当初因为了解而分开，而今是因为更了解而回到你身边。爱情早就消磨殆尽，却有恩义在。无论你把她变成前妻的过程曾经有多么残忍、无情，或者窝囊，她始终记得你对她的好。女人是多么善良的动物，只要她知道你曾真心对她好，她就会永远记住。

她对你再也没有任何要求，她现在能够接受你一切的缺点，因为这些缺点再也不能、也不会使她伤心和失望。她完全可以对你无私，她只想你好好活着，或者好好死去。

一个富豪离开了和他一起创业的妻子，她曾恨他至深，他则抱怨她老是强调他有今天全是因为她。然而，这么多年来，他身边换了一个又一个女人，却没有一个女人可以代替前妻在他心中的地位。他非常霸气地对记者说："只有我前妻可以批评我，谁都不可以。"

曾经在那段破碎的婚姻里互相怨恨，曾经无话可说，曾经以为此生终成陌路，后来的后来，当你落难，还有前妻在。

最了解你的女人，是你前妻。

她了解你所有的好和不好，她也见过你最坏的一面，在她面前，你再也不需要逞强。

最不恨你的女人，是你前妻。

她早就恨过你了。

最怜惜你的女人，是你前妻。

你毕竟是她爱过也爱过她的人。

对你无欲无求的女人，是你前妻。

有一种生死之交，是你和你娶过的那个女人。

从终成眷属到差一点终成陌路，命运多变，竟又峰回路转。她爱过你、怨过你、曾经无数次想掐死你，却也是后来那个对你最宽宏大量的人。

离婚那时候她狠狠恨过你，这么多年过去，在她心中，你竟渐渐变成她的一个孩子，既是亲情，也是友情，带着一丝丝无奈，却也愈来愈超脱。

这份情，超越了男女之爱，更波澜壮阔。有一种挚友，叫前妻。

我爱过你，情何以堪？

人最大的恐惧就是以为没有爱就活不成。

某年某天，我在报纸上无意中看到一个熟悉的名字，那个人死了，留下妻子和只有几岁大的儿子。这是很多年前我认识的一个人，他现在的妻子是他那时候交往了许多年的女朋友，但他还有个小三，那小三是我的好朋友。

一开始，她并不知道他已经有女朋友，当她知道了，却已经离不开。那些纠缠不清的日子，她天天喝酒喝到不省人事，明知道那个男人当时在女朋友身边也偏偏要打电话给他。她一次又一次伤害自己，想逼他离开女朋友，离开那个单纯也可怜的女人。

我始终不明白她为什么喜欢那个男人，她的条件绝对配得上一个比那个小混混好得多的男人，她也不是没人追，对她好的、忠厚老实的、才华横溢的都不缺，为什么会对一个不老实，也不忠诚的男人情有独钟？应该是瞎了眼吧？

他有什么好，我没看出来；他有什么不好，倒是很明显。他脚踏两只船，竟然还可以那么厚颜拿她的钱。他的车、他的手机都是问她要钱买的，她也给得心甘情愿。

既然没钱，为什么要买车？没本事就别买吧。

我的朋友却为他辩护："他很喜欢那辆车，那是他的梦想。"

他凭什么要别人为他的梦想买单？而且他还有女朋友呢。

就连他的衣服鞋子都是她买的。我的朋友有一个明明很笨却自认为聪明的理由，她说："他回家跟那个女人一起的时候，身上的衣服鞋子都是我挑的，他会想着我。"

这个男人对这些礼物从来不拒绝，花钱也愈来愈大手大脚，这就是最近流行的所谓小狼狗吧？可是我的朋友当时并不富裕，这个男人也长得不帅，顶多只能称为老狼。

他无数次答应会离开女朋友，当然不会真的做到。她一次又一次失望，却一次又一次纵容他。她爱他爱到近乎痴迷，爱到我百思不得其解。这真是什么品位啊？

这个男人爱她吗？

无论如何，我相信是爱的，只是，他也爱其他女人，他还可以爱更多女人。

我忘记了他们后来是怎样分手的，是她爱上了别人还是他始终离不开一起多年的女朋友，这都不重要了。我跟她已经很多年没见，我不知道她会不会知道他走了，要是知道，会觉得唏嘘还是已经没有感觉？这个年纪死去终究是年轻的。

有些人，那么不值得，又那么坏，可你就是爱他，就是放不下，好像一旦放下了他就是放下了自己，就会颠沛流离，成了无主孤魂。

放下那么难，宁可苦苦抓在手里，告诉自己，只要不放手，或许就会变成我的。

人最大的恐惧就是以为没有爱就活不成。

一个人到底要有多么悲观和自卑才会无法驱散心中的这份恐惧?

一个人的内心又要有多么残缺才会离不开一个对你不好也不忠的男人?

曾经以为爱情无问对错,直到青春散尽、一败涂地,才明白那是一次沉沦,然后你跟自己说:"但愿我没有爱过你。"

曾经那么堕落,那么卑贱,那么不自爱地爱过一个人,每次想起都觉得对不起自己。

我爱过你,情何以堪?

当他不爱你了

爱是由无数个瞬间组成的；
不爱，也是由许多个瞬间组成。

睡觉的时候，你想牵着他的手，他微微松开了手。可是，他以前是牵着你的手睡觉的。

起床的时候，外出之前，他再也没有吻你。

当你告诉他你今天做了一件很棒的事，你看不到他赞赏的目光。

当你向他暗示你很喜欢一样东西，想让他送你，他假装没听到。

吃饭的时候，他几乎都在玩手机。

工作上的事，他再也不怎么跟你说。

亲热的时候,他眼睛不看你。

亲热之后,他不抱你。

你跟他诉苦的时候,他认为你是无病呻吟,他懒得听。

你赞美自己的时候,他露出了不屑的目光。

一起去旅行时,他变得很独裁,要你迁就他,去他想去的景点,吃他想吃的东西。

你打扮得漂漂亮亮的时候,他完全没有多看一眼,当然也没有一声赞美。

你哭的时候,他走开去做自己的事。

走路的时候,都是你主动牵他的手。

明明看到你踢开了被子,他也不会帮你盖好被子,不担心你会着凉。

吃到好吃的东西，他没有留给你，而是自顾自地吃掉。

无论你有什么提议，他都不感兴趣。

当你说起一部感人的、浪漫的爱情电影，他表现得兴趣缺缺。

当你对他深情微笑，他的微笑是那么淡然。

当你深深地、万缕柔情地看着他的眼睛，你看到的是逃避。

有些爱天长地久，有些爱终会消亡，无论过去多么甜蜜，有一天，你突然发现你在他眼里再也找不到曾经的那份炽热的爱。这份爱情是什么时候消逝的呢？却也许想不起来了。我们总是在行将失去的时候才发觉，这时，已经留不住了。

爱是由无数个瞬间组成的；不爱，也是由许多个瞬间组成，只是，当时你心存侥幸，甚至自欺，以为以后会变好。

我为什么爱你：
最短的一句

你呢?
你为什么爱上这个人?

　　芸芸众生，为什么独独爱着你? 关于爱你，可以写下千言万语，可以只言片语，也可以只一个微笑就了然。

　　我为什么爱你?

　　你像我。

　　你很好。

　　你比我好。

你是优良版的我。

像是前世见过你。

你的眼睛我百看不厌。

总是牵挂着你。

没有人比得上你。

你爱我就像我爱你。

希望余生有你相伴。

你让我相信了爱情。

舍不得不见你。

只要想起余生没有你就受不了。

我们是同类。

喜欢摸你的头。

你喜欢的我也喜欢。

你讨厌的,我也正好讨厌。

你让我成为更好的我。

你让我感到幸福。

喜欢欺负你。

原来只有你可以欺负到我。

觉得你就是那个人了。

你不是最好的,我也不是,我们一起刚刚好。

那天你说你会永远等我。

没来由地被你感动了。

第一次见你就不想离开你。

你是另一个我。

只有你受得了我。

喜欢你睡觉时牵着我的手。

无法想象没有你的日子怎么过。

因为你,我哭了。

你就是我喜欢的样子。

不知道,也不想知道,要是不爱你,那是什么样的人生。

你是我一直向往的人。

你和我很登对。

总想见到你。

你坏。

你聪明。

你太可恶。

你长得不算好看,但也不错。

你肯陪我做无聊的事。

我们去旅行,吵完架也没有分手。

你会每天打电话和我聊天。

害怕和你分手。

希望我死在你前头,死在你怀里。

那天,你说你永远不会离开我。

你呢?你为什么爱上这个人?你那句话有多长?又或者有多短?

走过失恋的日子

我那么努力,
是为了可以爱得有尊严;
而我终于懂得自爱的好,
就不会再让任何人伤害自己。

二十岁出头的时候,和同时失恋的好朋友天天在一起,一起哭,一起醉,一起自怜,一起唱着悲伤的情歌。那时候,我们那么年轻,有大把青春可以浪掷,在失恋的当儿却总是又悲观又灰心,以为自己会孤独终老。要是我爱的那个人不爱我了,我以后也不会爱任何人,谁还要相信爱情啊?那么苦,苦死了。

那些像行尸走肉的日子,谁在失恋的时候没经历过?我的一个朋友,在一次又一次失恋之后创立了一个失恋网站和一本失恋杂志,没想到推出之后大受欢迎,变成她后来的事业。原来,我们从来不孤单,这个地球上,只要你大喊一声"失恋的看过来!",说不定你会收获成千上万双泪水模糊的眼睛。

可是，即使全世界和你一起失恋，也并不见得你会因此觉得没那么难过。每个人总以为自己的爱情是要比别人独特一些的，自己的失恋也比别人要痛苦些，后来我们才知道，要失的恋不如早些失掉吧，别耽误光阴，女人的青春终究是比男人要匆促些的。

然后，一转眼，我们离那个年轻失恋的自己已经那么远了。那时候，无数个夜晚，我和同病相怜的她喝着苦酒，说着某人曾经给过自己的甜蜜与承诺，说着那些虚无缥缈的复合的希望……啊，说不定他还爱着我，他现在喜欢的那个人怎么比得上我呢？

可是，舍不得放开的手终究狠狠地被现实甩开了，那个人过得很好，他没打算回来，他不爱你了，正爱着别人呢。那一刻，你骤然明白，爱是会消逝的。以后的漫长日子，你又遇上别的人，经历一次又一次的爱与被爱，早就忘掉了二十岁时那场哀伤的失恋。

长大多好啊！独立多好啊！依然期待爱情，依然享受爱情，依然需要陪伴，依旧相信有个人陪着终老是幸福的，但是，要委屈自己就不必了。我那么努力，是为了可以爱得有尊严；而我终于懂得自爱的好，就不会再让任何人伤害自己。

CHAPTER

03

第三章　不要应酬
　　　　这世界

男人是否都有初恋情结？

他想念的也许不只是当年那个女孩子，
也是当年和那个女孩恋爱的年少青涩、
踌躇满志的自己。

结婚十二年，儿子八岁了，太太温柔又美丽，工作能干，拥有自己的事业，他当年追她追得挺辛苦的。

然而，婚姻和岁月好像总会一点一点地磨碎当年的深情，一家子的生活渐渐变得枯燥平淡。人到中年，事业有成，心里却也打开了一个缺口，这时，他竟然重遇青梅竹马的初恋情人。

当年的初恋情人刚刚离婚，一个人带着女儿生活。这个和他同年的从前的女朋友，而今也跟他一样，不年轻了，可在他眼中，依然是他那时爱着的女孩。旧情难忘，两个人很快就爱火重燃，爱得难舍难分。

爱得这么疯狂，怎么瞒得了太太呢？他索性打包东西从家里搬出来，跟初恋情人同居。

太太、儿子和其他家人都不原谅他，朋友更笑话他，妻子是美女，初恋情人却长得很平凡，这什么眼光啊？

每次朋友笑话他，他总是很深情地说："你们不懂的，她是我的初恋啊。"

男人是否都有初恋情结？一生中，无论爱过几个女人，无论单身还是结婚了，初恋总是难忘的。要是初恋情人真的有那么好，当初为什么无法在一起呢？男人跟自己说，那是因为那时的自己太年轻，还不懂怎样去爱一个女人，也不懂得怎样给女人幸福。那时候，他并没有现在拥有的一切，他不知道珍惜，也不知道怎样去疼一个女人。

当一个男人得意的时候，想起初恋，他会遗憾这个女人没能一直陪他走到今天，没能分享他现在的一切，没看到他的成就，他太对不起这个女人了。

当一个男人失意的时候，想起初恋，他会想，要是当时没有分手,人生是否不一样?他想念的也许不只是当年那个女孩子,也是当年和那个女孩恋爱的年少青涩、踌躇满志的自己。他多希望,人生可以重来一遍。

无论而今幸福或者不幸福,富有抑或贫穷,成功或者失败,初恋是男人心里永远的一缕柔情,是即使白发苍苍,也依然年少。

女人是否都比男人实际?现在过得幸福,她才不会怀念初恋;假使现在不幸福,她会想,说不定是初恋害的,是初恋情人太糟糕,害她从此以后对男人和爱情失去了信心。

男人对初恋却是多情的,是这个女人,而不是别人,让他人生头一回尝到了爱情的甜蜜与苦涩;是这个女人,而不是别的女人,是他爱情的启蒙。假使是他辜负了这个女人,有机会的话,他多么希望可以重来一次,这一次,他会给她补偿,他会好好爱她。假如是初恋情人辜负了他,首先不爱他,他也希望可以重来一次,这一次,他会让这个女人首先爱上他,再也离不开他。

那个离家出走,和初恋情人私奔的男人,后来却又回家去了。他和初恋的再恋,终究是不成功的。几年的共同生活,两个人渐渐看清了现实,重遇时的激情早已褪色,青梅竹马的感情抵不过人生的起起伏伏，离家之后，他的事业一直走下坡路，相反，女朋友却越来越成功，不再需要他了。

于是，他又打包东西回家，就像做了一场梦似的。

初恋有多么难忘，也许就有多么痛苦，可惜，不是一个人痛苦，而是至少两个。

与其防小三，
不如做到这三件事情

你越努力，
越能够留住缘分；
要是留不住，
那么，你也无愧了。

　　恋爱和婚后怎样去防小三，这个问题多么没出息，又有多傻呢！老防着别人多累啊，人是为了防着别人而活的吗？

　　你以为男人让你看他的手机，任由你翻他的东西，就一定没有小三吗？你以为他每天都给你打电话，每天都回家，他的钱都给你，他就一定没有另一个人吗？你以为他那么疼你，就不会也疼着另一个女人吗？

　　当你爱着一个人的时候，怎么可能担心他同时也会爱上别人呢？爱情本来就是一场赌博，你赌他不会遇到一个比你好的，赌他不会爱上别人，他也赌你不会遇到一个更爱的，赌你不会有天厌倦了他。

赌的时候我们需要什么？当然是赌本。

你的赌本是什么？当你青春貌美的时候，你以为这就是你的赌本。那么，当青春不再，你是否就变成一个寒碜的赌徒，穷途末路，再也拿不出来一堆闪亮的筹码？可是，永远都会有比你年轻和貌美的女孩啊。

爱情的赌本只能是爱情，当你的爱情和婚姻幸福也甜蜜，你想都不会想怎样去防小三。

与其防小三，不如做到以下三件事情。

第一，请你做好你自己。

怎样做好你自己？请你一定成为一个靓丽的女人，请你一定成为一个可爱的女人，请你一定成为一个有趣的女人，请你一定成为一个聪慧的女人，请你一定成为一个能够独立，也懂得依赖的女人，请你一定成为一个懂得付出和包容的女人。

哪里有一个人是完美的呢？理想和现实总难免有落差，真实生活中，哪里有那么多的英雄与铁汉？男人也是需要照顾和依赖的，他们有时甚至比女人更感性，只是他们表达的方式不一样，他们不会用眼泪来抱怨，他们只会用沉默来抗议；他们不知道怎样撒娇，他们只会躲到自己的小山洞里生闷气；他们不知道原来吵架之后可以色诱你，然后跟你和好，他们只会纳闷你要一直生气到什么时候。

当你了解男人心里那个孩子，你也就知道男人也是要疼的。要是你只肯爱一个成熟也完美的男人，你注定会失望和孤独。

第二，请你成为那个无可取代的人。

你以为爱情不会老去吗？你以为婚姻会一直都幸福吗？要是你这么以为，你不是太年轻就是太天真。

爱情是两个人的事，婚姻却是三个家庭的事，你和他的家，还有你们两个人的原生家庭。幻想可以去得很远，要多美就有多美，现实却在眼前，粗糙得很。当爱情没那么炽烈了，往后的是感情，不需要担心柴米油盐，却不一定就可以过好那漫长的小日子。两个人一路走下去，为什么离不开彼此？为什么曾经伤心和失望，曾经怀疑和抱怨，甚至想过去爱别人，却又始终留下？为什么你不会害怕他不爱你？因为你知道你是无可取代的。你是他的情人，他的妻子，他的知己。他什么都跟你说，你们有永远说不完的话题，你们都太了解对方，无言无语也知道对方在想什么。

试着去成为他生命中那个无可取代的人吧。

第三，请你一定要努力。

请不要因为已经有人爱了或者已经嫁了就变懒，请不要以为即使你变得多么糟糕也有人必须继续爱你，请不要以为缘分不可以也不会改变。

缘分让两个人相识相遇，却唯有努力才能够让两个人相知。不要太依赖缘分，不要把什么都交给命运，只有当你努力时，你才有资格说你把一切交给命运。美满的婚姻怎么可能只是两个人运气都好呢？你有没有努力去珍惜、谅解和包容？你有没有看出爱情是荒凉的人生里一份多么难得的礼物与温柔的守护？

你越努力，越能够留住缘分；要是留不住，那么，你也无愧了。假如所有的努力最后也是徒劳，请你还是要努力，努力相信今后你会过得更好。

不要应酬这世界

从来就没有人要求你要有多棒,
而是你不接受自己不够好。

她从小就想要成为家里最出色的那个孩子,成为最让父母骄傲的那个孩子。她成功了,家里读书最多和赚钱最多的是她,比她大两岁的哥哥很没出息,妹妹和弟弟也远远比不上她。她每个月给父母最多的零用钱,父母住的房子是她买的,她送礼物给家里的人也是最慷慨的,过年过节外出吃饭也都是她掏腰包。

到了三十四岁,她选择了一个条件出众、家人会引以为傲的丈夫。

她快乐吗?到头来,一点都不。

原来,出色很累。

她觉得很不公平,为什么家里的一切都得由她负责?为什么每个人都依赖她？为什么自己那么好胜呢？

她向来以为不好胜就会输，她不一定要赢，但她不喜欢输。

她虽然没有承认，但是，从小到大，只要哥哥或者弟弟妹妹偶然有什么做得比她好，她心里就会忌妒。她一边觉得累，一边却又要成为家里最棒的那个孩子。

假如不是家里最棒的那个人，她会沮丧；一旦成为家里最棒的那个人，她偶然也会沮丧。她羡慕弟弟和妹妹可以常常对父母撒娇，甚至可以柔弱和懒散，她也痛恨哥哥的不负责任。

她甚至总想要比她母亲赢得父亲更多的爱和关注。

是的，她喜欢被关注，而她知道，她不可能通过撒娇和脆弱来赢得关注，她必须独立和强大。

当她一路领先时，她是快乐的，后来的一天，她突然跑累了，觉得赢了没意思。那么好胜，吃苦的是自己，吃亏的也是自己，家人把她的付出都看作理所当然。

她嫁了一个看起来很棒的男人,他拥有闪耀的学历、一份很好的工作和优渥的收入。这个人比她妹妹那个没用的丈夫有出息太多了,是可以拿出来见人的,是可以放上台面的。

可是,她发现她并没有自己以为的那么爱这个男人,这个男人也并没有她以为的那么出众,他缺点太多了,婚前她怎么看不见呢?她心里爱的是那个她最终没有选择的男人,那个世俗条件没那么好的男人。

当每个人都认为她活得很好,她心里却说不出地苍凉。她从来就没有安全感,她总害怕假如她没那么出色,她就不值得被爱,她也会失去所有的爱。

她终于发现,她从来没有真真正正为自己而活。

她为谁而活?

为家人而活?好像也不是。她是为了这世界而活,她为了世人的赞美而活,她为了掌声而活。她活得太虚荣了。

活得虚荣的都会累。你那么努力,那么出色,你以为你为自己而活，到后来才发现，你是为别人而活。你把自己放到舞台上，期待着你的观众为你喝彩；那些喝倒彩的，只是因为忌妒。

可惜，因为你太渴求关注，舞台和观众都是你一厢情愿幻想出来的。每个人都有自己的日子要过，哪里会有那么多人关注你呢？你可以出色，但是，是为自己而出色。从来就没有人要求你要有多棒，而是你不接受自己不够好。

你为什么不可以脆弱呢？又为什么不可以撒娇？是你太爱逞强。

要是你真的有那么出色，有那么聪明，你也该有点悟性，终究会明白一个道理——不要应酬这世界，自个儿活得开心就好。

这辈子，应酬自己就已经很累了，为什么还要苦苦应酬这世界？

你并非不自由，而是太世俗了。

你挺好的，
可惜我没爱上你

我们真的可以决定自己爱上谁吗？

人生最让人惆怅和叹息的是哪两个字呢？有人说是"可惜"，有人说是"死了"，有人说是"不爱"。我选的是"可惜"和"不爱"，死了又岂止是惆怅和叹息？

生命中有些感受，它不算是很大的冲击，甚至毫不深刻，它也没让你伤心难过，它不过是你走过的一处风景，虽然物是人非，却在你心中留下了淡淡的痕迹。

我认识一个男的，学问和文采都很好，就是做人的格局太小，非常小家子气，一方面恃才傲物，一方面却又自卑而孤僻，老是觉得自己怀才不遇。这个文弱的男人总以为这世界欠了他，在他平静和看似谦逊的外表下是一颗愤世嫉俗的心。

我和他无法成为朋友，可有一次读他写的一篇文章，我心底里还是佩服。那篇文章写得真好，他写的是一个女人主动对他表达爱慕之情，她是个柔弱内向的文艺女青年，爱上他了，一直默默守在他身边。直到一天，女青年终于鼓起勇气向心仪的才子表白，他惊讶而感动，却很委婉地拒绝了她。

他忘不了她失望的神情和受伤的身影。此后多年，两个人不相往来，每每想起这个女人，他心里还是觉得可惜。

可惜什么？他没说得很直白。

应该是可惜自己没爱上她吧？有一个女人懂得欣赏他、爱慕他，也看到他的好，她是那么羞怯，那么有眼光，那么不世俗，说不定是他为数不多的知音，而且她爱他。

可是，他不爱她，他就是不爱。

在他孤芳自赏的余生中，他不会忘记，曾有一个人含蓄地爱着他，他却婉转地对这个人说不。

一生中，总有些时候，我们在心里跟自己说："要是可以爱上这个人，多好啊。"

"要是可以……"这是多么美好的幻想，可惜不会实现，终归是一场幻梦。

喜欢一个人，往往并不是真实的他有多好，而是在你心中他有多好。情有独钟的时候，他的好可以无限扩大，而且全归你所有。

对于那些曾经勇敢向你表白而又伤心离去的人，多年以后，你对他始终怀抱着一缕柔情，也许不是因为他有多好，而是他看到你有多好。你也许是他见过的最曼妙的一幕风景，你的一部分也因他而变得美好和高贵。

可惜，他的款款深情只能被你辜负。

有些人的好注定跟你有关，有些人的好却始终跟你无关，他是希望跟你有关的，可惜彼此无法走在一起。

我们真的可以决定自己爱上谁吗？

原来不可以。

你或许可以决定嫁给谁，决定跟谁生活、跟谁终老，却不见得可以决定爱上谁。

我们既自由也不自由，见过那么多的风景，却不一定都可以留下。

或许，每个人生命中都曾有这样一个人，他挺好的，可惜你没爱上他。后来的后来，他也许忘记你了，你却不会忘记。

有一种催婚叫"家里人担心你不够强大"

当你足够强大,
谁敢唠叨你?
谁敢催促你?

"你李姨家儿子王××,你还有印象吗?小时候你俩还总在一块儿玩呢,那孩子前两个月刚好回国,现在在证券公司上班,到岗就是经理级别。你李姨想让他明年就结婚,这不筛选相亲对象呢嘛,第一个就想到你了,你周末把时间空出来,跟妈一块儿去见见?"

"不去,见什么见,小时候我就不太待见他,再说我现在每天工作忙得昏天黑地,哪儿有时间谈恋爱,更别说结婚了。"

"你都多大了,你不想谈恋爱,马上三十了再不结婚以后谁要你,谁管你啊?"

"我这么大个人了用谁管,我自己每个月有工资,年底有奖金,我自己养活得起自己。"

"你是自打毕业就吃着家里,住着家里,哪天你自己搬出去感受感受,就你那点工资,自己在外都活不过半年。"

"将我是吧!明天我就搬出去!我就一人在外孤独终老!"

无论是一个人变老,抑或两个人一起变老,终究还是会变老的,关键是,你要孤零零变老还是在恋爱中变老。

年轻的时候经得起一次又一次的失恋和挫败,年纪大些以后还是可以一次又一次重新站起来,甚至浴火重生吗?抑或三十岁过了一半就只想鸣金收兵?江湖险恶啊,还是趁早归去好了。

恋爱其实也挺累的,幸好大部分人都乐在其中,直到恋情褪色的时候,才会觉得疲累,然后在心里跟自己说:"我一个人挺好的。"

所谓的一个人挺好,也需要强大的支持。比如说,你有个幸福的家庭,和父母兄弟姊妹的感情特别好,这样的你根本不假外求,可以和亲爱的姊姊或者妹妹一起变老。你们绝对不会有一天厌倦对方,也不会背叛彼此,你们可能会常常吵架,但最后总会和好。你们在旅途上可以同睡一张床,可以分着吃一杯冰激凌,你们甚至可以一起泡澡,你们可以分享所有的秘密,不必担心会有如同陌路的一天。

万一没有一个可以和你一起变老的姊姊或者妹妹,只能孤军作战,那你必须强大。

有一个单身女孩，二十多岁，日子过得挺好，可她的家人老是唠叨她，要她找个伴。她说，她耐得住寂寞，她也不想随便找个人恋爱，可她越来越受不了家人的催促。

那是她还不够强大吧？

当你足够强大，谁敢唠叨你？谁敢催促你？你一个人过得那么好，又自主又独立，不需要任何人养你，谁会担心你孤独终老呢？他们只会说，你这么聪明，你自己会有打算。

要是家人不停唠叨，不停对你说你是时候结婚了，那是你的经济条件还不够好，你还不够棒。要是你足够棒，谁敢过问呢？他们顶多只会偶尔探听一下你一个人过得好不好，有没有谈得来的异性朋友。

你亲爱的父母只会偶尔非常婉转地提点你说："女孩子还是要有个伴的啊。"

强大吧！那你就不需要被催婚或者让人觉得你一个人很可怜。

幸福吧！那你就不是必须恋爱。

如果可以选择，谁又愿意一个人变老呢？

在恋爱中变老也挺幸福的吧？有些女人无论失败多少回，无论脸上添了多少皱纹，依旧穷其一生追逐爱情。

有个朋友，年过六十了，几年前失恋，人的确也老了，早已经不是当年那个风姿绰约的女子，可她还是在等待爱情。那个在等待爱情的她，心理年龄大概只有二十七八岁。

她会等到吗？抑或等不到了？就好像一个人在一个荒凉的车站等车，最后一班车早就开走了，只是她不知道。起风了，天色已晚，她还是像个少女一样，穿着厚厚的大衣，戴着毛帽子，揉着双手，蹭着脚，痴痴地等。这时，往事如若涌上心头，她会不会跟自己说："那时候为什么不爱那个人呢？他挺好的，那么喜欢我，愿意等我，愿意为我做任何事。"

车始终没来，寒意渐深，她摸摸冻僵了的鼻子，咬咬牙，跟自己说："可是，我不爱他，又有什么意思呢？"

一个人变老和在恋爱中变老，有时候竟是同一个意思。

终于等来了一个佛系情人节

情人节有没有花我都 OK，
有的话我拈花微笑；
没有花，我也照样微笑。

相爱的人不需要情人节，他们每天都是情人节；失恋的人痛恨情人节，恨不得这天把街上所有成双成对的人都拆散。单恋着一个人，情人节变得太苦涩了，所有欢笑都跟自己无关。假若是一段见不得光的感情，情人节根本就是受难节。

既然恨它的人比爱它的人多，那到底为什么还要过情人节呢？谁喜欢啊？

花店喜欢情人节，餐厅喜欢情人节，巧克力商人喜欢情人节，百货公司也喜欢它，我们喜不喜欢情人节，要看彼时的状况。

形单影只的时候，谁喜欢这一天呢？成双成对的时候，锦上添花又何妨？

圣诞节、新年和情人节前通常是分手的高峰期，不爱你了，受够你了，再也不想拖下去。浓情蜜意、成双成对的佳节将至，不想再勉强自己，也不想欺骗你，提前跟你说一声，到时不跟你过了，早分开早投胎，各自安好。

大部分人的情人节都好像伤感的时候更多；幸好，今年有点不一样，今年流行佛系呢。漫天的佛系浪潮中，我们终于等来了一个佛系情人节。

你陪不陪我过情人节我都爱你，反正，你来或者不来，情人节都在那儿，不会增加一天，也不会减少一天。

有没有情人都没关系，佛陀就是我的情人。修女嫁给上帝，我嫁给佛陀或者上帝都 OK。

情人节有没有花我都 OK，有的话我拈花微笑；没有花，我也照样微笑。

单恋着某个人，他知道或者不知道又有什么关系呢？他知道而装作不知道，那就是不知道；他不知道，那也是不知道。他知道或者不知道，我的这份单恋还是在那儿。喜欢一个人为什么要让他知道呢？我自个儿觉着欢喜不是更好吗？

你选择情人节前一天说不爱我了，我不哭就是。你回心转意，我也不会狂喜。色即是空，男色女色都是一场空。

这天分手或者不分手，一个人过或者两个人同床异梦都无所谓，反正都是梦幻泡影。

我和你谁首先提出分手都没关系，继续或者不继续其实都不那么重要，你幸福就好，你的幸福也是我的幸福。

要是今年情人节只有我一个人吃饭，我就用手机点一顿精致的外卖好了，到时候有人送来热腾腾的美食，我连碗都不用洗，喝一杯，吃饱去睡，和美味互相取暖。

不想一个人吃饭，跟闺密去吃烛光晚餐也OK。恋爱太不自由了，难得恢复单身，尽量活在当下吧，明年我忙着恋爱就不能常常跟你们玩了。

这个情人节，情人，有或者没有，都不执着；爱情，浓或者淡，都随缘。节日，过或者不过，都可以。

曾经你对所有人说你现在爱着的人是全世界最好的，若干年后，你却爱上别人，嫁给别人，和另一个人终老。所有曾经最好和最爱的，都如梦如幻，你甚至不记得自己这样说过。说过又怎样呢？当时的确是这么相信，以为除他以外再也不会爱上任何人，然后有一天，才发现他缺点太多，他也没珍惜你。

爱的时候，尽欢，尽兴，尽情，所有那些美好的日子，每一天每一刻都是情人节。不爱了，也不是仇人节，而是我们过不下去了。后来的后来，甚至连你的生日都忘了，哪里记得某年的情人节怎么过呢？

这就是无常。什么都会变，你在乎或者不在乎，无常都在那儿。

在这个佛系情人节，终于不害怕单身，也不害怕一个人过了。佛陀拈花微笑，多少人看明白了？觉悟是福气，也是智慧。

再难过的一天，都会过去。

那个能和你聊到天长地久的人，才是对的人

他是可以爱的，
他是可以度余生的，
他是可以聊天的，
他是可以陪你无聊的。

聊得来的不一定能够成为恋人，聊不来的却肯定连朋友都做不到。

我有几个很要好的男性朋友，我们有说不完的话，甚至可以每晚通电话，一说就一个小时以上，可是，我们从来不过电。

聊天是一回事，爱情却远远不只是聊天，又不能不聊天。

和朋友之间，尤其是异性，聊天的内容往往很丰富，也不无聊，说着说着一旦感到无聊，就知道应该下次再聊了。然而，恋人之间的聊天，既可言之有物，更难得的是言之无物，却也乐在其中。

他说了个糟透了的冷笑话，你取笑他的笑话不好笑，然后他为他的笑话辩护。下一次，他又会说一个糟透了的冷笑话，然后被你翻白眼。

他问你："你在干吗？"
你回答说："没干吗。"
他接着问："为什么没干吗？"
你说："你干吗想知道我干吗没干吗？"

这是一串多么无聊的对话？你却会一边说一边甜甜地笑。在你和他心中，那不是一般的无聊，是总能够心领神会的无聊，是机智幽默的无聊。

恋人的无聊是调情，也是彼此亲密的方式。

是有那么一个人，你跟他有很多话说，从来不需要刻意去找话题。

是有那么一个人，对着别人沉默寡言，唯独对着你滔滔不绝。

是有那么一个人，跟别的人聊不来，跟你却很能聊。

是有那么一个人，就是喜欢跟你说话，也喜欢听你说话。

是有那么一个人，有些故事他明明说过很多遍了，你还是愿意再听一遍。

是有那么一个人，一起那么多年了，两个人依然可以在电话里聊三个小时。

是有那么一个人，时不时会被你发现他原来没有把你说的话全都听进去，你生气了，说他不留心听你说话，可是，明天你还是会跟他说话，他始终是最好的听众。

是有那么一个人，会跟你拌嘴、吵架和冷战，但是，超过一天见着而不跟他说话你都受不了。

是有那么一个人，你觉得你可以跟他聊到天荒地老，聊到海角天涯，两个人说着说着直到两鬓花白，牙齿都掉光光了。

是有那么一个人，忙了一天，想喘口气，你会想起他，给他打个电话。

"找我有事？"他问。
你说："没事，就找你聊天。"

是有那么一个人，让你拥有了没事也可以找他聊天的幸福。

他是可以爱的，他是可以度余生的，他是可以聊天的，他是可以陪你无聊的。

然后，你回想起你爱过的一些人，一开始都很能聊，后来的后来，再也找不到话说了。

有个人，原来并不是你和他很能聊，而是当他追求你的时候他愿意迁就你所有的话题。

有个人，曾经无论你说什么他都能跟你说上半天，两三年后，彼此的话越来越少了，你说什么，他始终是一副丝毫不感兴趣的样子，只是回答那么一两句。你害怕失去他，于是努力找些话题迎合他，每次开口你会说："好好笑……"然后说着别人的故事、别人的八卦。

直到一天，你连"好好笑……"这三个字都说累了，说到看不起自己，说到哀伤，他依旧不笑。

不是一天，不是一年，那个能和你聊到天长地久的人，才是对的人。

那个据说和老板有一腿的女人……

看不得别人好的人太多了,
不会因为你哭泣而减少,
只会因为你强大而不敢再欺侮你,
转而去欺侮别人。

我有个女朋友,外国名牌大学毕业,人长得好看,成绩优秀,极为聪明,从第一份工作开始,没有一个老板不喜欢她,没有一家机构不重用她。她很年轻就已经锋芒毕露,流言蜚语也从没停止过,都说她和每个上司都有一腿,说她是个不择手段靠男人上位的荡妇。

一开始,她对这些流言视而不见,然而,当她越来越成功,流言也变得越来越可怕,甚至有人说她的睡房就连天花板都镶满镜子,她带男人回家开会是在睡房的床上开的。

她那么优秀,那些和她一起工作的男人之中,追求她的当然不少,她也爱上过几个很棒的男人,可她刚好真的没有爱上过她任何一个老板。人坚强的时候，受得住所有的攻击和伤害，可一个人总难免会有软弱的时候，一旦软弱，就会觉得愤怒、沮丧和无助。

既然你们说我靠的是外表而不是实力，那么，要是我的外表不是这样呢？

有一段时间，她故意暴饮暴食，本来身材苗条的她，一下子胖了四十斤。这下可好了，她喜滋滋地说："我这么胖，肯定再也不会有人说我得到的一切是靠男人了吧？"

一个优秀的女人，有几分姿色，在工作上一帆风顺，而老板刚好是个男的，这种"她和老板肯定是有一腿"的谣言，什么时候停止过？无论她多么努力去表现自己，别人才不愿意相信她真的有那么出色。

不必憎恨那些制造谣言的人，这世界本来就是如此。谁曾告诉你这是个美好单纯的世界？学校里不也一直有人被欺凌吗？你肯定也听过有人告诉你某个女同学水性杨花，某个女同学特别容易和男生好……学校的欺凌是人的本性之恶，成人世界的欺凌是人的生存之恶，有些人就是看不得别人好。

你以为漂亮的姑娘都和老板有一腿吗？你太傻了，和老板有一腿的，很多都是不漂亮的姑娘。漂亮的姑娘选择太多了，她那么聪明，那么骄傲，她不需要，她也不愿意。

你以为老板重用一个女人是因为她长得漂亮吗？别傻了，外面难道没有比她漂亮的女人吗？老板重用她是因为她能干，这些男人又不是傻的。

有一天，当你接受忌妒和残忍是这个世界的一部分，你也就能接受所有那些攻击你人格、名誉和能力的谣言。比方说，你从未和某人单独吃过一顿饭，你和他吃饭的次数加起来不超过五次，而且每次都是一大伙人。可是，仍然有人言之凿凿地说看到你和他单独吃饭，而你不停向他放电。这个人又说，你老是喜欢做别人的情妇，说你是人间昆虫，没有男人就没有今天的你。这些中伤你的人就好像躲在你的床底下，对你的生活如数家珍，可你和他从来只是点头之交，甚至从未单独见过一面。

看不得别人好的人太多了，不会因为你哭泣而减少，只会因为你强大而不敢再欺侮你，转而去欺侮别人。

作为一个优秀、长得不难看而又没有背景的女人，在为事业和梦想打拼的路上，怎么可能躲过所有的风言风语呢？人在江湖漂，哪儿能不挨刀？人生何处不是江湖？人生又有何处不是道场？活着就是把江湖当成道场，练就金刚不败之身。

请你不要败给这世界；唯其如此，你才会看到这世界光明的一面。

分手费要还是不要？

感情没有一个价位，
钱可以做的，
只是把事情变得公道些。

分手费要还是不要，也许就像"To be or not to be"（生存还是毁灭）那样，是个千古难题。

C小姐是个小助理，中学毕业的学历，她男朋友每个月赚的钱是她的好几十倍。两个人一起七年，男人以前有过一段婚姻，吃过苦头，再也不愿意结婚了。可是，C小姐是想结婚的，七年里，两个人为了这事不知吵了多少遍，C小姐屈服了，没有再提起。

时间终究还是冲淡了感情。这个男人不爱她了，这天，他冷静地向她提出分手，但是，他也说会给她一笔钱。这么看来，他早就想好怎么做了。

C 小姐慌了，第二天召集了几个闺密开会，这笔分手费是要还是不要？

一开始她是不想要的。不想要，因为她不想分手，拿了钱，就意味着她得离开。

可是，朋友们的意见却全都跟她相反。

旁观者清，大家都看得很清楚，即使不要一分一毫，也不见得留得住这个男人。

忠实的闺密甚至老实告诉 C 小姐，说她太不争气，早就跟她说过，这个男人条件那么好，她自己也得上进些才是。可 C 小姐一向是个没有什么上进心的人，成天懒洋洋的，从不去进修和增值自己。两个人住在一起那么多年，她那么清闲，却连饭都没做过一顿，只会坐在家里等男人下班回来陪她。

一个不长进的女人和一个一直为事业努力的男人，差距也越来越大，渐渐无话可说了，分手是早晚的事。

C 小姐本来就不是个聪明人，没看清楚现实，竟然以为那个男人永远不会走。

"分手费当然是要的。"闺密们下了一致的结论。

C小姐着实难过了很久,闺密中居然没有一个人鼓励她做个清高的女人,也没有一个人鼓励她留下,都叫她快点拿钱走人。

想不走也是不行的。

最后,这个男人把一笔现金和股票转到她名下,等着她搬走。

比起那些问女人拿分手费的男人和那些离婚时想方设法少付赡养费的男人,这个男人其实也是个好人了。当然,他也有自己的算盘。

跟一个女人一起七年,这个女人也不年轻了,给她一笔钱,两不相欠,这个女人也不该怪他什么了;而他给了钱,也就再不能说是谁对不起谁了。

他给分手费,因为他是比较有钱的那个人。分手费,是补偿,也是馈赠。女人收了分手费,他就不再内疚,他可以说:"我不欠你什么了。"

然而,她要是坚决不收,他不见得就会一直内疚。

这笔钱,收还是不收,人都是要走的。

感情没有一个价位,钱可以做的,只是把事情变得公道些。

他主动给你和你开口要,是两码子事。他也许并不是想用钱打发你,他不给你钱,要走还是会走的。他要是个好人,是想尽最后的道义照顾你,给你一份礼物。他知道,你以后的路也许不好走,你赚的钱没有他多,他甚至很清楚你多半找不到一个比他好的。

当然,男人心里也是有算盘的,收了钱走人,一别两宽,虽然只得一个人欢喜,但是,收了钱的那个人也就不该说另一个人的坏话了。

分手费要还是不要,要了是不是不清高,每个人的处境也不一样。我有两个大学同学,一个男的,一个女的,是很好的朋友,毕业之后一直保持联络。女同学是个美女,有一份薪水很高的工作,嫁的丈夫也有些钱,两个人生了两个孩子,她怀着第三胎的时候,丈夫变心了,坚决要离婚。

她去找这个男同学诉苦,男同学是个见过世面的男人,一听就知道这段婚姻挽不回了,他也了解男人,他劝女同学这时候尽量拿钱就好,回家马上调查一下老公有多少现金和不动产,有多少投资和生意，有没有其他银行户头，等等。他是为她着想，知道一个女人带着孩子不容易，以后还要面对许多现实的问题，没想到女同学一听就非常恼火，说他太功利，从此跟他绝交。

我不知道她离婚的时候有没有拿钱，或者拿了多少钱。男同学跟我提起这事的时候，始终觉得自己很无辜，他明明是为她着想，为什么竟变成一个功利的人呢？

分手费要还是不要，是很个人的事。当你拒绝，最好不要后悔；当你接受，也不要把它当成你失去若干年青春的补偿。假使那是青春的补偿，不免有点卑微。也许，把它当成一笔遗产吧。那就等于一个富翁死后分配遗产，除了亲人，他也许会留一份给某个指定的人，这个人对他是有过意义的，这是他送给对方的最后的情意。

那个拿了分手费的C小姐后来怎样了呢？在闺密们的建议下，她用分手费加上自己的一点积蓄，买了一幢房子，那原本只是一百万的分手费现在翻了几倍，变成几百万了。男人和她分手后很快就有了女朋友，到现在还在一起，只是始终没结婚。C小姐一直没有男朋友。

假如要你用四个字来形容爱情，
会是哪四个字？

成住坏空，
就像一篇文章、一部小说、一出戏的起承转合，
有了起承转合，故事才好看。

假如要你用四个字来形容爱情，会是哪四个字？

人生不同的阶段，用的字应该会不一样吧？

二十岁，那四个字是刻骨铭心。

三十岁，是生死相许。

四十岁，是厮守终身。

四十岁以后，刻骨铭心、生死相许、厮守终身也许都经历过了，

这时候，也比年轻时更了解爱情和人生，如果只能够用四个字，我会说是成、住、坏、空。

成住坏空，就像一篇文章、一部小说、一出戏的起承转合，有了起承转合，故事才好看。起承转合也就像春夏秋冬，春天万物生长，夏天盛放，到了秋天，渐渐凋零，进入冬天，一切枯萎。这就是大自然的规律，你无须觉得伤感。冬天过去，春天又会再来，周而复始。

不好的爱情、终归失败的爱情，固然是成住坏空，最后天涯陌路，此生不见。然而，即便是美好的爱情，甚至是所有的深情，也逃不过成住坏空。

相遇相识、热恋、相爱、相依相伴，想和你过寻常日子，想和你牵手走下去……然而，时间一长，爱情没那么新鲜了，吵架、冷战、彼此怨怼、闹分手、舍不得你，还是最想和你在一起……百转千回，两个人走过万水千山，从年轻一直到老，你已满头白发，我也老眼昏花，还是会吵嘴，但不会再想分开了。

可是，最后，死亡还是会把我和你分开。

若是不幸,在死亡之前,疾病也会让你或者我把对方完全忘掉。你若老年失智,将不再认得我,一天,你会久久地看着我,脸露困惑的神情,问我:"你是谁?为什么会在这里?"

你不会从第一天就认不出我来,而是慢慢地,慢慢地想不起你爱过我,想不起我是谁,你甚至想不起自己是谁。

有几种病都会使人忘了自己,也忘了身边的人是谁。

谁爱过你,你又爱过谁?谁曾刻骨铭心爱过一个人?谁曾答应和你生死相许、厮守终身,永远也不分开?

多么遥远的往事。

成、住、坏、空,终于走到最后一步了。

当你忘记往事,认不出眼前人,当这具肉体衰朽,一切又归零。爱过的、恨过的、怨过的、执着过的,欢笑和泪水,都化作虚空;它们本来就虚空,是你以为可以把握而已。

我们追求稳定,我们追求永恒的爱情,到头来,姹紫嫣红开遍,似这般都付与断井颓垣，我们苦苦追求的东西从一开始就是不存在的。青衫已老，爱情原来是一场虚妄，一如人生。

你所执着的、你所眷恋的，都会坏掉，不留什么。

我们能留住的，只是回忆，也只有回忆了。

然而，去爱、去恨、不顾一切奔向爱情的那个自己，那个曾经的自己，也将永留回忆里，直到回忆也留不住。

当你慢慢看懂世事，当你走过几度寒暑，看过许多遍春去秋来，你再也不会悲伤。到了那一天，忍住眼泪，微笑道别，转身离去，下一生下一世，无论再见或者不再见，也只是把成、住、坏、空从头再走一遍。

给恋爱中的女孩子的五个忠告

尽量记住这五点忠告吧。

都说恋爱中的女人最漂亮,可是,恋爱中的女人也很盲目吧?当你爱上一个人,你就会变蠢,至于变得聪明,那是后来的事;有些男人,的确是会让你变聪明。

恋爱的时候,要完全不盲目是不可能的,但是,尽量记住这五点忠告吧。

相信爱情,但不要依靠爱情

要是不相信爱情,又怎么可能全心全意去爱呢?无论我们受过多少次情伤,当爱情来临的时候,当它还没变坏的时候,总是幸福的。爱情在你手上的时候,尽情去享用,尽情去付出吧。可是,请你不要依靠爱情。

爱情是那么美好的东西，可它也是那么多变的、不可靠的东西。要是你完全依靠爱情，以为这段爱情和这个男人可以给你一切，可以满足你人生所有的渴求，也永远不会离开你，那是多么危险！

什么都会变，爱情也不例外，你可以让他觉得你想依靠他，可是，请你告诉自己，唯一可以依靠到最后的，是你自己。

就算他是那么好、那么爱你的一个人，谁知道以后的事呢？要是有一天再也不能依靠他，你至少还有你自己。

你是你自己的地老天荒。

做最真的你

最真的你也许没那么好，可这就是你，要是恋爱的时候一直要伪装，那多累啊。睡觉就睡觉吧，别往脸上擦什么素颜粉了，一开始你还有动力去做，一年后你都累了。告诉你吧，男人根本傻傻分不清，他们也许看得出素颜和浓妆的分别，但是绝对看不出素颜和淡妆的分别。

没有自信的你，又怎能够坦然去爱和被爱呢？一个男人爱你，先是爱上你的外表，然后是你的性格；外表再美，无法和你沟通，又怎会长久呢？

做最真的你，不是说你要蓬头垢面，只是想告诉你，你不需要伪装。没有人可以伪装到底，要靠伪装得来的爱，又能有几分真？

我自己赚面包，你给我爱情就好了

几年前有个经济学家发表了一个理论，他说，房价那么贵，是因为单身的女人愈来愈多，而且她们都自己买房子。

经济学家这套理论一出来就挨了一通骂，可是，私底下我们都觉得他并非完全没有道理。女人的危机感特别重，也特别缺乏安全感，即使有爱情，也害怕有天人老珠黄没人爱，又害怕孤独终老，于是，赚到钱会去买房子。有了房子就没有后顾之忧，恋爱的时候，男朋友搬进来和她一起住，分手的时候，是他打包走人。没有了爱情，她还有钱。

房子并不是唯一的面包，一个女人的事业和积蓄也是她的面包。当你拥有面包，你才有更大的自由去选择爱情，你不必为了生活而委屈自己。

当你有面包而只要爱情,那么,他给你的爱情也得配得上你的面包。我是用天然酵母、有机面粉、法国黄油和海盐做的面包,你的爱情怎么能够吝啬和寒碜?又怎么能够把我的眼界变小呢?我为什么爱你?是你让我成为更好的我。你必须给我最好的爱情。

知识才是你最好的伴侣

无论如何,不要放弃追寻自我,不要放弃上进。恋爱的时候可以偶尔偷懒,但是最终你还是要成为一个更好的、更有趣、更值得爱的女人,让他知道珍惜你,让他知道失去你是他的损失。

你要有底气

要是他待你不好,要是他没你爱他那么爱你,要是他喜欢了别人,别等了,打包走人吧,别为他蹉跎青春。你的青春、你的微笑、你的爱,值得一个更好的男人。一时三刻舍不得,那就给自己一个期限吧,期限一到,挥手道别,以后就别再见了,我又不依靠你什么。

爱一个人是什么感觉？
不过就是这七个字：很想和你在一起。

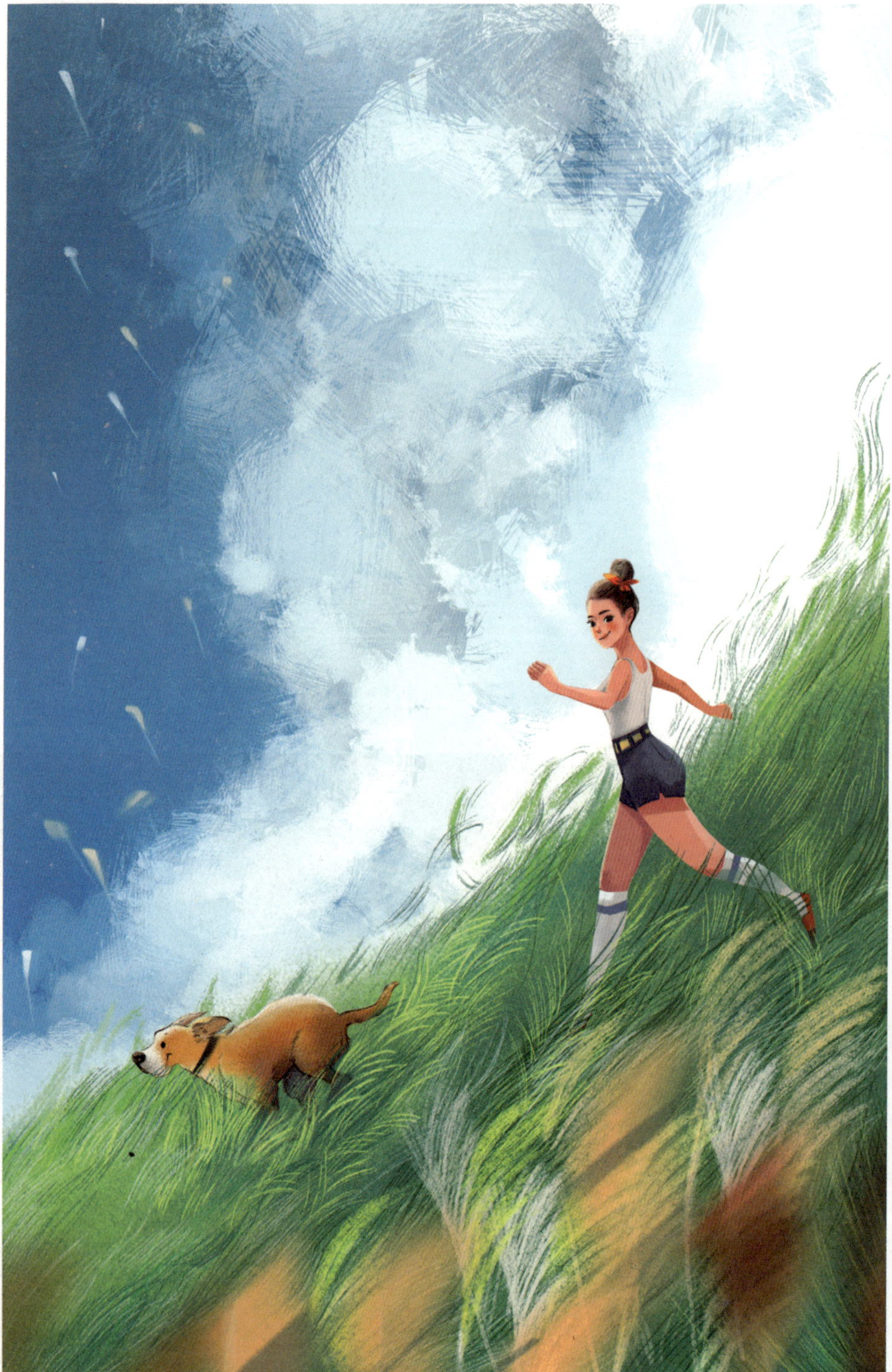

其实，更多的时候，当你喜欢一个人，
根本说不出喜欢他什么，只能说："我就是喜欢。"

人的一生，就是努力去修补自己的内心，从破碎到完整；
又或许，从破碎到没那么破碎。

人的一生不是只有一种活法，并不是每段爱情都通向婚姻。
每一个人、每一张笑脸的背后，
总有一箩筐的不圆满，但你心里知道，唯有幸福的，才能够称为归宿。

你可以任性，你可以浪漫，你可以宁可在爱情中老去也不要苟且过日子，
你可以依然爱憎分明，你可以在婚姻里继续追寻爱情，
你可以做着世人认为这个年纪不该做的事。
一切一切，只要你够强大就好，经济强大，或者至少内心强大。

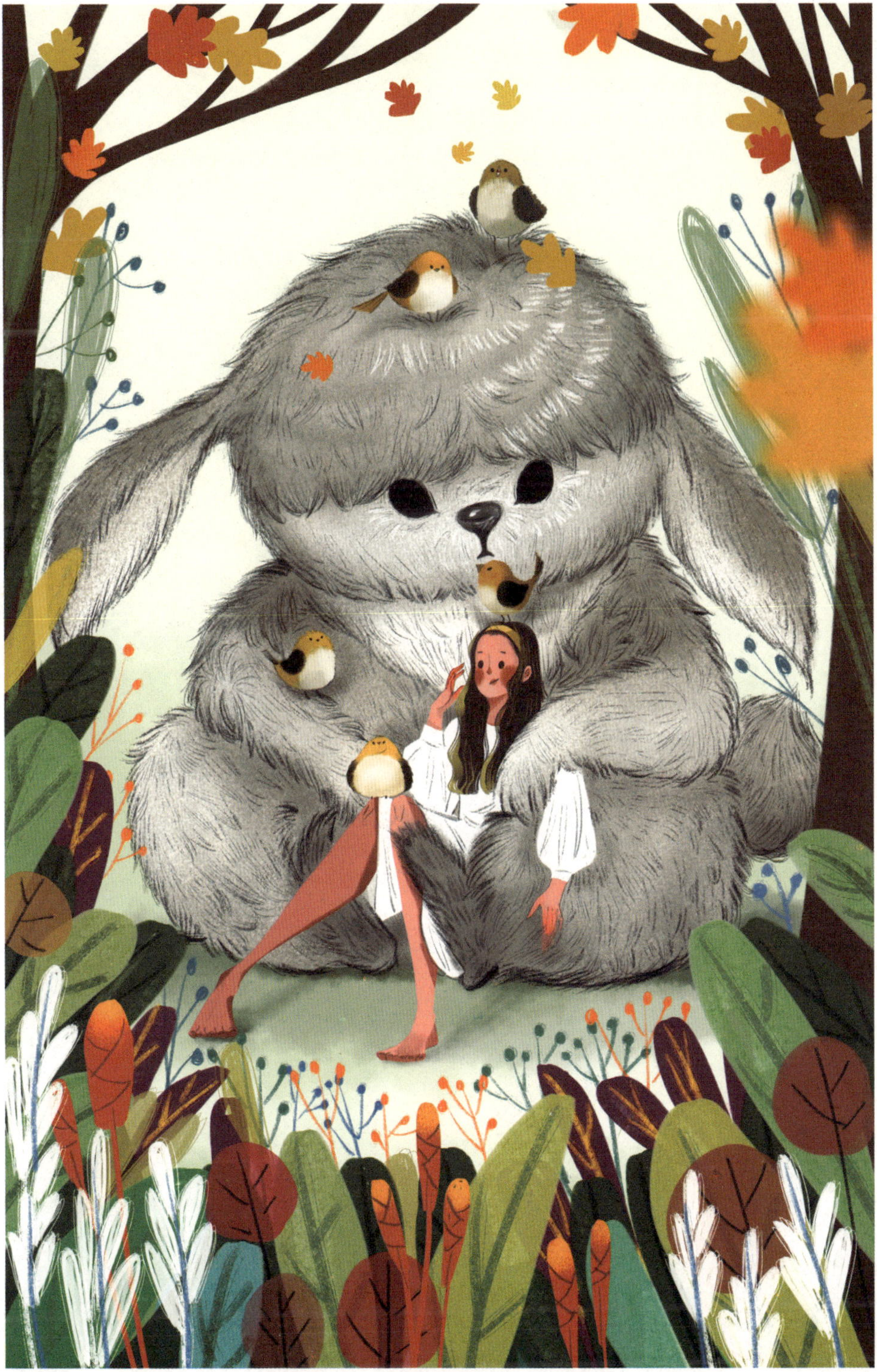

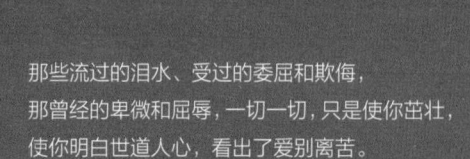

那些流过的泪水、受过的委屈和欺侮，
那曾经的卑微和屈辱，一切一切，只是使你茁壮，
使你明白世道人心，看出了爱别离苦。

余生很长，
也很短

再怎么爱一个人，
余生的漫漫长路不还是得一个人走下去吗？

　　日本厚生劳动省发表了 2017 年全球人口平均寿命报告，香港再一次成为全球男女最长寿的城市，女性平均寿命是 87.66 岁，男性平均寿命是 81.7 岁。

　　看到这份报告，大部分香港人不是高兴，而是惆怅。天啊！真的得活这么久吗？我的钱够用吗？足够度余生吗？到时候会不会太孤单啊？会老成什么样子啊？

　　长寿并不表示健康。香港的医疗做得太好了，这是香港人的平均寿命得以高踞全球榜首的原因。

我一个老同学守寡多年的妈妈，得了糖尿病、高血压、心脏病和肾病，人生在世最后的二十年，这个可怜的女人饱受病痛的折磨，每一次病重被送进医院，她两个女儿都以为她这次不行了，结果，每一次，医生都把她救回来。

她痛苦，但依然活着，只是身体愈来愈差，先是一条腿受感染要切除，得坐轮椅，然后是无法自行进食，得用胃管输营养奶维持生命，这样又拖了两年，活到八十六岁才终于能死。她守寡四十七年，守寡尚可忍受，但是，身体的苦，两个女儿再多的爱和关心也无法替她减轻一分。

我时常想，一个吃了很多苦也无法活下来的人和一个吃了很多苦也死不了的人，到底哪一个更惨？

我们不介意长寿，但是，没有质量的长寿肯定是折磨吧？诅咒一个人，最毒莫过于希望他长命、多病又没钱。

再看看日本厚生劳动省的这份报告，让你更感慨怅的，是男性比女性短命了六年。

爱着一个男人的时候，我们总是横蛮地警告他："你不能比我早死。"

可这事是你和他说了算的吗?

再怎么爱一个人,余生的漫漫长路不还是得一个人走下去吗?

我的一个女朋友很看得开,她丈夫爱喝酒,丈夫的父母只活到七十多岁,一个糖尿病,一个癌症,从这样的遗传基因看来,她丈夫相当危险。相反,她自己的父母还活着,八十岁了,身体好得很,她的祖母活到一百零一岁,是老死的,没得过什么大病,一百岁还天天吃法国巧克力,每个星期上茶楼吃点心和叉烧饭。

她家的基因太强大了,余生大有可能是一个人走下去,搞不好随时活到一百一十岁。所以,她早早就替丈夫买了一份人寿保险,万一他先死,也能造福老婆,总算不枉他老婆忍他忍了那么多年。

女人的寿命愈长,厮守终身的盼望是否也就更渺茫呢?

这一生,好不容易遇到一个爱的人,他也爱我,说好了不分开,说好了要一直在一起,说好了白头到老,说好了共度余生,说好了他不许比你早死,可是,有一天,他就这样离开了。曾经以为余生很长，没想过余生那么短。

一个人的余生也是余生，但是已经不一样了。

我们从来就学不会珍惜，我们总以为明天会再见，我们心里想着明天我才会原谅你，可是，有时候就是没有明天。

明明知道要珍惜，还是会忍不住对你发火，还是会有自私的时候，还是对你不够好，也不懂你的好，还是会埋怨你没有爱我更多。

爱是什么？是我明明可以独立却依赖了你，终要告别的时候，我又得重新学会独立，明白了余生再也没有可以依赖的人。

说与不说

两个人一起,
说些好话、说些温暖的话,
不是比起难听的真话更好吗?

情侣之间,有哪些话该说和不该说,又有哪些话可以说和不可以说,其实从来不容易把握。

人生若只如初见,当然都懂得说好话,可是,时间一长,怎么可能每天都对你说好话呢?

有时明明知道有些话不该说,说出了口,自己舒服了,对方却会受伤。可是,明知不该说的还是忍不住说了,毕竟是人,有喜怒哀乐,在恋人面前不想掩饰,想说就说。

吵架的时候,最难听的话都说出了口,一旦说出口就收不回来了。即使明天和好如初,但是,心里也许永远记得他说的一句话伤害了我；尤其是女人，记性太好，会一直记住，每次吵架都会拿出来，埋怨对方曾经这么说过。

然而，有些话，明明应该说，却又没说，或者不想说。你不说，他又怎会知道呢？可我们总以为，要是他爱我，不用我说他也会猜到我心里想什么。这种想法多傻啊！

都什么时代了！有话直说不是更好吗？让他猜，他猜不到，你又伤心又生气，不如坦白告诉他你怎么想的。今年生日想要什么礼物，直接说吧，别等着他猜了，现实生活不是电影，你的他也不是浪漫爱情电影的男主角，会在你生日那天给你送上让你感动得哭出来的惊喜。

要是不想收到不喜欢的生日礼物，不如干脆告诉他，你今年想要什么。除非你的男朋友是形象设计师或者美术指导，否则，千万不要轻易相信男人的潮流触觉和时尚品位。如果想要一个包包，得说清楚是哪一个包包，或者索性自己去买回来给他送你。男人挑的包包通常只会让你无语也无奈，我收过，所以我知道。最可怜的是，明明不喜欢的包包，因为是他送的，还得表示喜欢；而为了表示喜欢，无论如何也要拿出来用三两次，然后永远收起来。

有些时候，有话直说更好；可有些时候，有话最好别直说。他送的礼物你不怎么喜欢，最好也不要说出来。他毕竟花了心思、时间和金钱去讨你欢心，希望你快乐，那你又何妨说句好话？

两个人一起的日子久了，彼此的缺点都很清楚，放在心里就好，不必直斥其非。你不想他这样对你，你也就不要这样对他。同一句话，气在头上的时候说和过几天冷静些才说，效果是完全不一样的。有些缺点，你不想对方改过，那就在气在头上的时候说吧，结果会相当明显——他明知道错也不会改。

想骂他的时候，在心里先数十秒，或者在心里先骂一次，然后，真的就不想骂了。

这世界已经那么不容易，两个人一起，说些好话、说些温暖的话，不是比起难听的真话更好吗？

没有人会喜欢听到另一半说："你老了啊，皱纹多了很多呢。"我们宁愿听到的是："你没老啊，还是跟以前一样。"哪一句是真，哪一句是假，都不那么重要，只有我们在一起才重要。

CHAPTER

04

第四章　只要你
　　　　够强大就好

很想和你在一起

与其苦苦分辨自己对这个人是哪一种感情，
倒不如相信自己的感觉。

对这个人，到底是喜欢还是依赖？是爱还是喜欢？是需要还是爱？这几种感情真的很难分辨吗？

当你为这些问题苦恼，也许你是不够爱；当你的爱足够，这些问题不会困扰你，你就连想也不会去想。

是喜欢抑或依赖？是爱抑或只是喜欢？是爱抑或不过是需要？这些感情根本无法分辨，也不需要去分辨。喜欢一个人就会想依赖他，爱一个人当然也包含喜欢，你不可能爱一个你不喜欢的人；当你爱这个人，你也就需要他。

你真正害怕的，是你只是喜欢、依赖和需要这个人，而不是爱他。原来是不爱他的，那就白白耗掉了青春和时间。

与其苦苦分辨自己对这个人是哪一种感情，倒不如相信自己的感觉。

爱一个人是什么感觉？不过就是这七个字：

很想和你在一起。

你对他有这种感觉吗？

要是这个人不在身边的时候你不会特别想念他，开心的事你没有想要立刻告诉他，想哭的时候你想到的不是他的肩膀，他快乐或者不快乐，你其实不那么在乎，这个人，你肯定是不爱的。

一生中，你是会遇到一个或者几个男人，他喜欢你，待你很好，对你一往情深。你知道他是个好人，他条件也不错，可你就是没法爱上他，你甚至连试着去爱他都不愿意。他是鸡肋，食之无味，弃之可惜。偏偏这时你身边没有别人，你喜欢的人没喜欢你，你爱的人爱着别人，于是，这个人就留在了你身边。

如何去判断是爱还是依赖？爱一个人，不都对他有一份依赖，不都想依赖他吗?

有个可以依赖的人,那多好啊,多幸福啊。

然而,当你长大些,当你老些,你会变得独立,你会知道依赖任何人都是不安全的。你还是会依赖他,但你也能够独立,即使有一天失去了这个人,你也可以好好活下去。

爱一个人,总会想依赖他,想在他身上得到安全感。渐渐长大,爱过几个人,一次又一次受过情伤,然后知道,女人既要懂得依赖,也要能够独立;要知道谁可以依赖,也要知道哪一刻必须独立。从习惯依赖到慢慢学会独立,从依赖一个人到明白依赖是危险的,甚至是孤独的,这是每个女孩子要走过的路。

明明知道依赖是危险和孤独的,爱的时候,你还是会依赖身边的他,每件事情都想听听他的意见,灯泡坏了喊他过来帮你换一个,拧不开的瓶盖都交给他,想吃什么拉着他陪你去吃,累了挨在他身上睡一觉,哭的时候只对着他一个人哭,想找人欺负就去找他,被人欺负也去找他,生病的时候让他照顾你,两个人一起去看世界,一起去搜购家里的东西。

是有这么一个人,如此可靠,是你想依赖的;当他需要依赖你的时候,你也会对他敞开怀抱,这就是爱吧?爱是彼此的依赖,而不是单向的倚靠。

很想和你一起,因为你就是我想要依赖的人。别人都以为我很独立,可是,爱上了你,我不想从你身边走开。或许有一天我要重新学着独立,但是,在那一天来临之前,我就尽情依赖吧。

当际遇偏爱你,你自然会遇到那个你无须问自己是爱他还是依赖他、是爱他还是喜欢他、是需要他还是爱他的人。

可惜,际遇不一定偏爱你。

那个你并没有很想和他在一起,那个如同鸡肋、暂时留在身边的人,你也许终究会和他分手,也许不会。当你老了,累了,没有别人,只剩下他,你也许就会向命运投降,把他捡起来,学着欣赏他的好。幸好,还有他;也很不幸,只有他了。

当三姑六婆问你为什么还不结婚

唯有幸福的,
才能够称为归宿。

一旦过了所谓适婚年龄,你明明活得挺好的,却总会有一些无关紧要的人问你:"结婚了吗?为什么还不结婚?"

既然是无关紧要的人,当然并不是出于关心,而是好奇。他们很好奇为什么你都一把年纪了还不嫁出去,是没人娶你呢还是有什么隐衷?

你本来有一连串的话想冲他说,譬如下面这几句:"我结不结婚关你什么事?我爸妈都没问我。我不结婚碍着你了吗?我都不关心你的事,你干吗关心我嫁不嫁?"

可你毕竟是个有教养又善良的人,只好把话尽量说得婉转些。

你脸带微笑,告诉这些好事之徒和三姑六婆:
"我爱自由啊!单身有什么不好?"

听到你这么说,对方也许会说:
"单身没什么不好,但是,女人总是要有个归宿的。"

跟这种人说女人的归宿不见得只能够是婚姻,她的智商恐怕是无法理解的,不如依旧带着微笑,告诉她:
"就是呀!所以我不想找错归宿,找错了,以后就要时不时回娘家借宿了啊。要不,到时候我去你家借宿,你收留我好了。"

假如她还不罢休,脸皮也真的是太厚了。

要是你实在说不出自己喜欢单身,那就坦诚些,直接说:"我还没找到一个我想嫁的男人,还没有一个男人是我甘愿为他放弃自由的,也没有一个男人是我愿意因为他而相信婚姻的。"

假如对方说:"你就是太挑剔,不要太挑剔啦。"

你不妨跟她说:"是结婚啊!能不挑剔吗?能随便嫁吗?我看起来有那么随便吗?呃,你为什么说我挑剔?是我不该挑剔吗?是我只配将就吗?你真的这么认为吗?"

这么说了之后,对方应该红着脸跑开了吧?

你也可以对那些人说:
"我不想生孩子,我受不了小孩子啊!一想到要带孩子就崩溃,我才不想当妈呢。"

这时,对方说:
"结婚不一定要生孩子啊。"

你反过来问她:"那我为什么要结婚?我又为什么要急着结婚?我离更年期还远着呢。"

为什么还不结婚呢?

理由太多了,以下的话你可以一一告诉那些好奇的人:

"我喜欢恋爱,只想一直恋爱到老。"
"我相信爱情,但还不至于相信婚姻。"
"恋爱不容易,可是,婚姻更难啊,失恋总比失婚好。"

"结了就不想离,懒得离啊,离婚比结婚累呢,所以我不急。"

"如果不是嫁给爱情,如果不幸福,结婚有什么好呢?"

"我不害怕孤独终老,只害怕一生平庸,只害怕穷病老死。"

"一生太短,只够爱一人,就是我自己。"

"我不止爱着一个人,也不止一个人爱着我,但是,结婚只能跟一个人结啊。"

"还没有人娶我,这不公道啊!你都能嫁出去,为什么我就嫁不出去?"

说了那么多,每个女人都有个不结婚的理由,你的理由也许是:"我爱的那个人、我唯一想嫁的那个人不肯结婚。"

留下还是离开?等还是不等?离开不一定幸福,等下去却也不一定能够等到。人的一生不是只有一种活法,并不是每段爱情都通向婚姻。每一个人、每一张笑脸的背后,总有一箩筐的不圆满,但你心里知道,唯有幸福的,才能够称为归宿。

无论是嫁给爱情还是嫁给婚姻，最后也许同样会失望

失望，也是会慢慢习惯的；
习惯了，就没那么失望了，
然后一次又一次，
学会不要总是希望别人为你的期望而努力。

"算了，他就是这样，我又不是不知道。"每一次在心里跟自己说这句话的时候，包含了多少理解，却也包含了多少心碎和失望？

不渴求什么，也就不会失望，真的是这样吗？可一个人怎么可能不渴求什么呢？一个温存的微笑、一个深情的回眸、谅解、陪伴和安慰，甚至只是我喜欢的东西你也试着去喜欢，我讨厌的东西你也会讨厌，如此微小而细碎的渴求，是无论如何也舍不得放下的，于是只好学会失望。

可惜，失望也是有配额的。

当长久以来累积的失望到了一个临界点,你突然就不爱了,你自由了;可你同时也觉得感伤。

是谁让你失望?从来不是别人,而是你自己的期待;有期待,也就难免会有失望。

失望,也是会慢慢习惯的;习惯了,就没那么失望了,然后一次又一次,学会不要总是希望别人为你的期望而努力。爱情里,甚至生命里所有微小的失望,终究使我们学会一边失望一边微笑,一边擦眼泪一边高兴自己再也不会被失望困扰。

这一刻还是爱你的,只是再也不会那么容易被对你的失望困扰,就好像一个常常失眠的人终于可以每天晚上安然滑进梦乡,不再害怕长夜寂寥。

曾经为谁哭又为谁笑?后来的一天,你再也不会那么容易为任何人哭了,人生所有的失意和失望,所有的愤恨,都无所谓了,你顶多只会为自己哭。

谁又能够毫无希望地爱着一个人呢?可有时候,只有不抱希望才会有惊喜,才能够不在乎,才可以学着不要太执着。一次又一次心碎之后，成了浴火凤凰，看出了凡有渴求就有失望，我们没有金刚不坏之身，只能哄骗自己，跟自己说："我先不要期望什么，说不定就能得到什么。"

期望太高，常常会失望；告诉自己不要有期望，反而会有惊喜。于是渐渐学会了，对别人，尤其是所爱的人，并不是不要抱有任何期望，而是不要去执着任何期望。我希望你怎样怎样，其实也是错的，是自私的。所有的期望，常常是一厢情愿，却往往闹得两败俱伤。

把希望寄托在彼此身上，总会有失望的时候，我们爱着的这个人，和我们心中以为的那个人之间，终究是有落差的。期望有多高，失望的一刻，也就有多大的折磨。于是渐渐学会了虽然想要些什么，却也要降低期望，学着云淡风轻的潇洒和不执着，不给你压力，也不给自己压力，至少表面上是这样，慢慢也许就真的可以做到。世事不都是这样吗？能有，很好；没有，就是没有，说不定以后会有更好的，此刻所有的伤感和强求都是不必要的。

曾经那么容易掉眼泪，每次失望也会伤心和抱怨，一天，学会了不失望，也就不会哭了。爱一个人，是一次又一次小小的甜蜜，也是一次又一次小小的失望与感伤。无论多少年了，明知道不会分开，可终究是两个人，不见得能够全然理解彼此。有时即使知道怎样可以讨对方欢心，心里却还是有气，还是嘴硬，直到失去了才懊悔自己曾经太执着和倔强；错过的，却也回不了头。

无论是嫁给爱情还是嫁给婚姻，最后也许同样会失望。一生中，我们一再问自己，人为什么要有爱情？可以不要吗？婚姻又是什么？是生死相许，是搭伙过日子，抑或渐行渐远？当你有些年纪，看过许多阴晴圆缺，你终归看出来了，情为何物？缘起性空。

再也不会被对你的失望困扰，并不是不爱你了，此生还是最爱你，只是，时光早已苍凉了一颗心，这颗心终究变得波澜不惊了，再也没那么容易受伤，失望的时候，还是会试着微笑，也试着去理解。

爱的反面不是恨

都不爱了，
结束了，
恨也是多余的。

　　一直觉得"爱的反面是恨"这句老掉牙的话说不定写错了，曾经相爱，翻脸的一刻也许有恨，再过一些时日就不恨了。如果你爱过的是一个不值得的人，是一个不好的人，你也懒得恨了，恨也只恨自己愚蠢，恨自己年少无知，恨他干吗呢？明明是自己不知好歹一头栽了进去。

　　爱的反面就是不爱。不爱你了，说不上讨厌或者不讨厌，只是从此以后各不相干，甚至不需要努力去忘记，因为你并没有那么难忘。

　　恨是一种执着，苦苦执着，时间长了就不愿放下，就更恨了。爱的反面不是恨，而是不爱也不恨，再也不会执着和你有关的一切，你再也不能勾起我的喜怒哀乐，任世间花开花谢，我的人生再也跟你无关。

有些人在你心中已经说不上讨厌或是憎恨，你对他再也没有任何情绪，只是不会特别想见到这个人，再见无妨，不见更好，忘记亦可。

都不爱了，结束了，恨也是多余的，不如另谋高就，或者韬光养晦，期待下回再爱个奋不顾身。你若是足够聪明，你会知道，有些人终究配不起你的爱；既然他配不起你的爱，他也配不起你的恨。

你以为恨一个人不累吗？那可累了，那得把自己和恨的那个人牢牢地拴在一起。

有些女人很奇怪，她说，她可以原谅所有人，就是不能原谅这个男人。她也许不是不能，而是不要，她就是不要，她可以不恨的，但她偏要恨，偏要让他过得不好，要他知道她多么恨他。

这种女人是否太天真了？你以为你恨着一个人的时候他就会过得不好吗？别自以为是了，你的恨只有你自己觉得很重要，被你恨着的那个人活得很好呢，即使活得不好，也不是因为他在这世上被你恨着,而是因为像他这种素质的人就该活得不好。

当你恨着一个人,活得不好的是你自己。你必须时时刻刻把他放在心里,放到你的血肉里,弄得自己也血肉模糊。

你恨过谁?谁又恨过你?谁恨你不重要,那是他自寻痛苦。可是,当你恨着一个人,痛苦的是你。为什么要为一个已经不爱你,甚至从来没有爱过你的人痛苦呢?

怀恨的人是可怜而卑微的。

当我爱一个人的时候,我绝不会想看到他恨着他以前爱过的一个女人,要是依然恨着,就是没有放下,他和那个女人终究还是拴在一起,还是在纠缠。只有当他放下恨,他才是全心全意爱我的,要是他还恨着某个人,就是还不想结束。

爱一个人可能不自由,也可能是释放;但是,恨一个人,绝对是不自由的。

当你放下恨意,你才会自由,你不一定从此快乐地生活,你也许还是会为别的人伤心和难过,但是至少,你再也不会让从前那个人留在你心里污染你。

　　爱的反面哪里是恨呢？爱恨是一起的，恨的时候也爱，爱的时候也恨。我们爱着一个我们偶然会恨的人，我们也恨着一个我们爱着的人。我爱你如此之深，有时难免会恨你，恨你不了解我，恨你对我说谎，恨你让我失望，恨你对我不够好，恨自己离不开你，恨你不像我爱你那么爱我，太恨你了。

女人最好的年纪

唯有在这个年纪，
女人不需要装嫩，
却也还年轻，
对人生依旧满怀好奇。

女人最好的年纪是几岁？有人说是十七岁，也有人说是二十岁，当你过了三十五岁，回头再看，你恍然明白，一个女人最好的年纪，是无论真实年纪是几岁，心里永远是二十九岁和三十五岁。唯有在这个年纪，女人不需要装嫩，却也还年轻，对人生依旧满怀好奇。

二十九岁多好啊，还没到三十岁，还是二字头，比起十九岁那一年好多了。那时太年少，也还无知，那时会为了想谈恋爱而胡乱爱一个人，那时会爱一个不爱自己的人，那时会为了得到爱而委屈自己，那时没有自信，那时并不知道自己想要什么，那时没有事业，也没有人生目标。

二十九岁，离三十岁那么近，不过一步之遥，一晃眼就到了。你跟自己说，到了三十岁，你要离开一段没有结果的爱情，离开那个不能或者不会跟你结婚的男人。到了三十岁，不年轻了，你跟自己说，从今以后再也不能荒废日子，不要只顾着恋爱，要好好为人生而努力。

既然已经决定到了三十岁要做什么，又要放弃些什么，在三十大限之前，你还是可以爱着这个不会给你将来，也不会给你承诺的男人，你还是可以挥霍日子。这样的二十九岁多好啊！可以毫无愧疚，可以继续做梦。

到了三十岁，你答应自己的事情是否都做到了？有没有离开那段明知道没有结果的爱情？有没有为自己的人生努力？有或者没有，都没关系了，三十岁是新的一页，舍不得放手的爱情，还有那个舍不得放手的人，终究是你爱的也爱你的。你知道自己需要什么，你开始明白怎样过日子，但你永远怀念二十九岁的你。

虽然肉体的年龄已经昂然踏入三十岁，告别了二字头，但是你内心可以一直活得像二十九岁，既知道终于会变老，却也感觉自己还没变老，可以继续相信爱情，继续相信一切美好的东西。

当你再老一些，感觉不像二十九岁，苍老些了，你才又发现三十五岁是比二十九岁更好的年纪。你懂得爱情了，你也更认识自己，你开始知道什么适合自己。你会打扮，你知道自己的优点，你也接受自己的缺点，你更有自信了，这时的你最好看。你成熟了，聪明了，却也不至于太世故和老练。

到了这个阶段，你也许会变得更自我，不想讨好任何人，不爱那些不爱你的人，不对你微笑的，你也不对他微笑；但你也可能变得没那么自我，你不刻意讨好别人，可你也不容易讨厌别人。有人不爱你，你觉得无所谓，不对你微笑的，你可以首先对他微笑。

这时候，你没那么容易失望和哭泣了，你却也没那么执着了，你追逐爱情和幸福，却也接受人生的无常。离四十岁还远着，三十五岁的内心是一个永远的青年，一点智慧，一点通透，一点豁达，一点乐观，一点悲观，有时知性，有时感性，这是你可以一直待到人生终点的年纪。当你肉身老了，回望一生，这也是一个女人最好的年纪。

你为什么要完整?

你这个人是否完整,
你的人生又是否完整,
跟你有没有孩子有什么关系?

你觉得自己适合当妈妈吗?

要是你从来没有羡慕过那些有孩子的女人,要是你每次看到麻烦的小孩都庆幸他们不是你的,要是你只曾在很爱一个男人的时候想要为他生孩子,那么,你也许不适合当妈妈。

当然,什么都会变,世上总会有奇迹,当奇迹降临,即便是那个最没有耐性、最自私、最痛恨小孩的女人也会变成一个好妈妈。

有些女孩子天生就是当妈妈的材料,她们从小就向往长大后结婚生孩子;有些女人是后天培养的,直到她有了自己的孩子,她才发现原来她很享受带孩子,她可以做一个很棒的妈妈。

从前的女人没的选择，即使她不是当妈妈的材料，照样得为丈夫生儿育女、传宗接代，仿佛这就是女人的天职。

我有个学姊，她是家里的老幺，排行第九，她妈妈一直想要个儿子，在连续生了九个女儿之后，终于认命，放弃了。这位伯母一生大部分时间都是在怀孕和带孩子，这是什么样的人生？

如今，我们自由了，不需要为了传宗接代而生孩子，可以好好审视自己的内心，你是否真的想要个孩子？

总会有人说，女人要生过孩子才完整，又或者说，有孩子的家庭才是完整的。活在今天，要不要孩子，完全是个人的选择，跟完整无关好吧？

何况，人为什么要完整呢？你这个人是否完整，你的人生又是否完整，跟你有没有孩子有什么关系？有家有孩子的人总爱说一家子整整齐齐很好，可你明明就不喜欢小孩子，何必勉强呢？两个人就不能整整齐齐吗？不能也没关系啊，人为什么要那么齐整？

我有个朋友非常热爱她的工作，她是个出色的事业女性，可她一直很内疚自己没有太多时间陪在孩子身边。世事很难两全其美吧？

爱孩子有很多方法，好妈妈也不是只有一种。有些女人的确不擅长当妈妈，甚至不擅长做别人的太太，她在工作岗位上却是光芒万丈，那就好好为自己的人生而努力，成为孩子的榜样吧。

有些女人会给自己做一张时间表，在她们心中，到了某个年纪就应该结婚，到了某个年纪就应该生孩子，这张时间表听起来好像很有规划，却也画地自限。为了要嫁出去而结婚，为了这个岁数应该生孩子而生孩子，真的好吗？难道不会错吗？

喜欢做妈妈的，会告诉你一百个做妈妈的理由；不喜欢的，会告诉你一百个不做妈妈的理由。我听过一个女人最理直气壮的理由是："我都还没长大，我永远是个大女孩！"事实上，她已经四十岁了，有一个比她大二十岁，对她千依百顺，把她宠成女儿的丈夫。

当然了，有些女人即使永远长不大，后来也成为别人的母亲，孩子比她更成熟。

人各有志，要不要孩子，是个人的选择，是你选择要一种怎样的人生和怎样的生活，不要把它变成责任，或者遗憾。

一日为母，终身为母，你想要做永远的大女孩，还是永远的母亲？

**假使你曾渴望王子，
唯愿你而今终于长大了**

没有一个人是完美的，
但总有一个人，
虽不完美，却完整了你，
甚至补满你人生的遗憾。

女孩说，找一个白马王子是每一个女人的梦想，她要怎样才能够找到自己的白马王子呢？真正靠谱的人身上应该有什么特点？又如何去分辨一个男人靠谱不靠谱？

白马王子真的还有吗？这个词怎么好像是从远古而来，已经不合时宜了呢？

或者，我们终于都明白世上没有白马王子，唯一可以找的，是那个对的人。找对了人，你就是公主。

哪儿有什么白马王子呢？即便是有，也不见得会让你遇到。假如那么幸运,让你遇到王子,穿上了亮晶晶的水晶鞋,就能一直走下去吗?一旦嫁给了所谓的白马王子,你也许会发现他缺点很多,他并没有那么好,他充其量只是个没落王孙,甚至只是乞丐王子。

每个女人也许都有个公主梦,属于童年的诸多幻想之一,却带不进成年的世界,也带不进百孔千疮的人生。

即使真的嫁给王子,英国王子、丹麦王子、沙特阿拉伯王子,原来也是会痛苦,也是会离婚的。

假使你曾渴望王子,唯愿你而今终于长大了。

哪里会有一个男人能够满足我们人生每一个阶段的每一个要求?没有一个人是完美的,但总有一个人,虽不完美,却完整了你,甚至补满你人生的遗憾。当你爱一个男人,就把他当成你的王子吧,他也把你宠成他的公主。当你们都老了,也还是彼此的老王子和老公主。

如何去分辨这个人是不是靠谱,等于说在爱情里要做个聪明的女人,那你首先不能笨啊。到头来,一切都在你,你要一直提升你自己,变优秀些,再优秀些,那么,人生路上,你遇到的每个人,你都知道哪些是好,哪些是不好,哪一个适合你,哪一个不适合。

女人有时就是会被爱情蒙住了眼睛,所谓王子,最后就算不是骗子也是龟儿子。什么男人靠谱?谁又能百分百肯定?今天靠谱的,明天也许就不靠谱了。他爱你,人老实,条件也很好,此时此刻,怎么看都很靠谱，可是，有一天，当他不爱你，他就变得不靠谱了。

哪儿有一个人可以永远依靠呢？即使有这么一个人，他也会有无法照顾你的时候，与其求诸别人，不如求诸自己。好好努力，当你靠谱，你遇到的一切，你遇到的每一个人，也就比较靠谱。

当你优秀，即使那个深深爱过你的男人后来变得不靠谱了，你还可以依靠自己，你就是你自己最好的后路；唯愿这条后路永远用不着。

带不进现实的那些，不是梦想，而是妄想。放下你的白马王子梦，踏踏实实，去找那个对的人吧。

慢慢地，慢慢地，你终于知道，并没有对的人，只有你爱也爱你，也挺不错，你们都能忍受彼此的人。他不是完全对，根本没有一个完全对的人，只有完全错的。那个完全错的人，你不是看不上眼就是早早跟他分开了。

千山万水，就是为了让你明白，所谓对的人，在你放下许多执着、在你愿意改变自己的时候才会看到。他一直都在，他知道你所有的缺点，他也了解你的优点，唯独他可以带着微笑忍受你。

和他一起，从今以后是不是再也没有任何遗憾呢？这样的期待也是错的，不要以为爱对了人就没有遗憾，所有的遗憾都不是别人给你的，是你自己无论如何也会有的，人本来就带着遗憾再一次来到人间。

来了，遇到你了，是重逢也好，是初识也好，只愿这一世少一些遗憾。

宁可迟暮，
不要衰老

如何避免变成中年妇女？

女人从来都是矛盾的动物，九岁的时候，她渴望快点长大，巴不得明天一觉醒来就变成十八岁，可以做大人做的事。到了二十岁，她又整天嚷着自己已经老了，很多事情不应该做了，比如说，不要再那么容易哭，不要再那么笨。

二十九岁了，她突然又觉得自己怎么越活越年轻了呢？一点都不老啊，只要好好爱自己，不要混日子，不要爱上不该爱的人就好。活到三十九岁或是四十九岁的时候，她突然又反过来不认老了，她拼命要活得年轻些，穿衣打扮甚至比二十九岁那时更青春。

如何能够不变老呢？我们最害怕的也许不是变老这回事，而是变得没有吸引力，不再好看了，失去了年轻女子的优势，甚至明明云英未嫁,看上去却像中年大妈。

男人到了中年,只要没有谢顶,没有吃出一身五花肥肉和一个大肚子,看起来也就年轻很多;有些男人,甚至直到中年,没那么瘦了,肩膀变宽了,也添了几分风霜,才活出男人味。

女人呢,哪里有什么中年?就算五十岁了,我们都只是老女孩,或者顶多是后青年。当你活得好,岁月是风霜而不是沧桑;当你活得好,岁月是历练而不是摧残。老总是会老的,时间一到,你身上每一寸肌肤都无可奈何会渐渐往下掉,但是,你可以迟暮而不是苍老。

如何避免变成中年妇女?

拒绝油腻,也拒绝干燥。

有句老话说,一个人到了二十五岁就该为自己的容貌负责,其实,二十五岁懂的还真不多,即使知道什么是好东西,也不见得负担得来。三十五岁倒是差不多了,你开始明白什么适合自己,你也负担得起比较好的东西。

从头到脚,油腻固然糟糕,干燥却也会有皱纹;油腻就脏,干燥就老，你要不油不腻才会年轻。

脸和身体是自己的，不要在变美这事上吝啬，却也不是要你做冤大头，在你能力范围之内给自己最适合和最好的吧。变美这事，永远都在学习，永远都有进步的空间。

请你不要乱摸那些比你年轻的男人。

有些女人到了某个年纪，不知道是寂寞还是倚老卖老，看到小鲜肉就往人家身上乱摸。好好说话不行吗？为什么非得一边说一边摸脸、摸手和摸大腿呢？不过仗着自己是老女人了，对方不会喊非礼。

不要妄自菲薄。

有一回，在一家小餐馆吃午饭，邻桌是几个五十多岁的女人，有一个已经当岳母了，另一个的儿子也快结婚了，其中一个很感慨地说："我都不怎么打扮了，我们现在就算打扮了也没有人会看。"

连你自己都这么想的话，又怎可能不变成中年妇女呢？请永远不要放弃打扮，可也不要打扮过头。所谓品位，不过就是合理和舒服地成为更优秀的自己。

永远保持好奇心和童心。

充满好奇心和拥有一颗童心的人都不怎么老。你要对世界、对身边的一切好奇,你要活得比昨天好一些,你对这世界要永远怀着纯真的渴望。

不要放弃爱情。

两个人一起很多年了,或者早已经是老夫老妻了,不代表就不再需要爱情。爱情可以历久而弥新,对爱情永远要怀着向往和憧憬,希望未来更甜蜜和幸福,这样的你才会年轻。

还请你多读书。

有一回,我跟一个好朋友聊到老去这个话题,她苦哈哈地说:"老了有什么好呢?我唯一想到的是我比以前有钱。"

是的,二十岁时买不起的东西,我们现在都买得起了,然而,老了除了变得有钱,也应该变得聪明和变得有智慧。只是包包里有钱是不够的,希望你的财富配得起你的智慧,你的智慧也配得起你的财富。

智慧从何而来?还请你多读书,多读好书。

你要不断要求自己,到老了也要不停进步。

几年前看过一篇很有趣的报道,一群闲来无事的美国专家拿了当时好莱坞最红的几位男女明星做了个分析研究,假如这几个人没有当上明星,没有红透半边天,他们现在会是什么样子?

以布拉德·皮特和安吉丽娜·朱莉为例,假使他们没有成为大明星,而是两个平凡人,到了这个年纪,他们很有可能已经变成大叔和大婶了。研究员利用计算机描绘出两个人的容貌,不是大明星的皮特和朱莉,脸上皱纹挺多的,眼睛也没神采,看上去比大明星皮特和朱莉老多了,甚至至少超重二十斤。

因为成为大明星,皮特和朱莉才可以雇用世上顶尖的专家和团队不断帮他们做保养,甚至把他们变得比原本更美和更经得起岁月的摧残。因为成为大明星,他们本身也会更努力去维持美貌和身材。假如没有当上明星,而是另一种际遇,皮特和朱莉几乎不可能是现在这个样子。

假如说容貌造就际遇,那么,际遇也造就容貌,你的际遇如何,你的容貌就如何。为了变得好看,你要努力活得精彩,当你不停进步,你才可以拥有更好的。

你无法逃避老去,谁又可以呢?但是,请告诉自己,宁可迟暮,也不要苍老。

爱情可不可以永远年少?

我努力去年少,
成败得失就交给天意吧。

流年似水,新的一年,我们都又老了一岁,你是从什么时候开始才明白自己无法永远年少的?

所谓的四维空间只会在科幻小说和电影里出现,人类依然无法企及。千百年来,我们只能活在三维空间里,不能到过去或者未来,也不可能从眼下这个世界穿越到另一个平行世界。要是可以回到过去,又或者如果可以打开一扇门走进平行世界,那就可以看到年轻时的父母。

看到年轻时的父母,而不是而今已经老去的他们,那多好啊。一旦回到过去,你也可以看到小时的自己,甚至是还在母亲肚子里的自己。

你无法永远年少，但是，只要活着，你永远可以看到一个更老的自己。一个一百零九岁的女人瑞被问到她怎么看自己的长寿，她回答那个年轻的记者说："天哪！我没想过我得活到这么老，我只想说：够了！够了！"

可惜，医学进步，无论你想不想活成一个皱巴巴的人瑞，我们每个人都会比从前的人长寿，尤其是女人。

人们说，因为有死亡这个终点，人皆会死，我们才会渴求忠诚、渴求爱、渴求一个长相厮守的伴侣。在古代，男孩和女孩可能在十四岁到十六岁就结婚，约莫二十岁成为父母，大概会在三十五岁到三十八岁之间成为祖父母，一般活到五十岁就蒙主宠召。那时的一辈子和现今的一辈子，相差了差不多三分之一世纪。那时候，爱一个人或者恨一个人，很快就结束；佳偶和怨偶，也很快就各自奔去投胎。

如今却不一样了，我们既无法永远年少，却又只会变得更老，一段爱情够用吗？一段婚姻也真的够用吗？可以用到老吗？老到面目全非的那天，当初爱我的那个人还认得出我来吗？他还是会爱我吗？

世间的一切皆无法永远新鲜与年少，爱情又怎会例外呢？又怎会有另一个平行世界可以回到初见的那天呢？

然而，当你接受爱情无法永远年少，你也许才懂得接受它的不完美，接受它让你感到失望和挫败的那些时刻，甚至也接受它变老，变得没那么有趣。

与其说怎样去保鲜和经营一段爱情，不如说怎样去年少。保鲜和经营把爱情当成了食材和一盘生意，年少却是相对浪漫和感性的。我努力去年少，成败得失就交给天意吧。

在爱情里要怎样去年少啊？

当然，你首先得年少。

不是说你要把自己从三十五岁变回十五岁的模样，而是说，你要拥有一颗年少的心，依然充满好奇，依然活泼，依然相信爱情。男人固然受不了一个整天问着"你爱不爱我？"的女人，却也受不了一个懒惰的暮气沉沉的恋人。把爱情看作一场属于两个人的球赛，你也渴望一个旗鼓相当的对手吧？一个人赢，另一个人一直输，一直接不到那个球，又有什么意思呢？

然后，你得年轻。

无论几岁了，试着永远相信自己二十九岁吧。我有一个朋友说得很好，他说，当你认识一个朋友很久很久了，当她老了，你也老了，每次见面，你看到的依然是那个时候认识的她，那时她二十九岁，那么，即使现在她四十九岁了，在他眼中还是二十九岁的模样，记忆中的那个人仿佛一直都没老。

　　当你爱一个人的时候，他头发白了，眼睛花了，背也驼了，你依然看到你们初见时那个年轻的他吗？你若看到，那么，他看到的也是那时年轻的你。

　　最后，你得年老。

　　明明说要年少，怎么又要年老呢？

　　当你老了，你才学会珍惜；当你老了，你才会看出平静的好；当你老了，你才懂得品味两个人的小日子，你也会知道你和他谁也离不开谁。

　　爱情是可以年少的，只要你心里一直有一个少女、一个女青年和一个活泼的老女人。

忍受冷暴力，是爱还是懦弱？

被一个男人这样对待，
为什么还舍不得走？

你自己心知肚明，这个男人已经不爱你了。他不关心你，不在乎你，不愿意给你时间和温暖，他对你冷漠得像个陌生人，你为什么不走呢？是你太爱他还是你太懦弱？

男人都不擅长分手，也不习惯开口说分手，可这并不代表他不会跟你分手。男人说分手的方式终究是和女人不一样的。女人会说："我们分手吧。"要是真的说不出口，她也许会在某天悄悄打包自己的东西离开，当男人回到家里的时候，她早就走了。

不爱的时候，女人是决绝的。

可是，男人明明不爱了，却几乎不会开口，他们只会用行动表示。他们有他们离开一个女人的方式，要是你那么不幸被男人分手过几次，那你应该很了解男人离开女人的方式。

女人会认为男人的方式比直接说分手残忍和无情，男人却认为这个方式是最厚道的了。

曾经每天跟你通电话，每天见面，一日不见，如隔三秋，三天不见想死你了。然后，电话少了，见面少了，也很少碰你了。你发的短信，他很晚才会回复，或者看完也不回，说他忘了，说这条短信不重要，回不回没关系。你每次说想见他，他都说忙，问他忙什么，他说："你烦不烦？"

你说："我来找你好吗？"他说："你也应该有自己的生活。"

你说："你为什么这样对我？你以前不是这样的。"他说："你喜欢怎么想就怎么想吧。"

都到了这个地步，你还好意思死皮赖脸继续纠缠，硬要逼他说出分手两个字吗？他明明是好心给你台阶下。

要是你和他住在一块儿，情况就复杂些了，男人也会更狠一些。他会找理由很晚才回家，回家也没话跟你说，他每天晚上总是等到你睡着了才上床睡觉，或者索性睡在沙发上，只是因为不想碰你。

就好像你得了传染病似的,你在睡房,他会走到客厅,你走到客厅,他会躲到睡房去。你跟他说话,他会避开你的眼睛,即便双眼直视你也是毫无感情。

你受不了他这样对你,哭着跟他吵,他不吵,也不说话,他就是能忍,你怎么哭怎么骂,他都可以一脸无辜,继续沉默。

你吵着吵着,绝望而又歇斯底里,终于说:"我们分手吧!"

这话是你说的啊。

他一直不走,因为这房子是他的,当天是你带着行李搬进来,缘尽了,他希望你会识趣,自己搬走,用不着他开口,开口太难,也显得他太没风度了。

他等着你走,你走了,另一个女人才可以住进来。

"好吧,我走。"这话也是你说的啊。

他没说分手,他也没叫你滚,是你自己要走的。

死心是熬出来的。人在死心之前总是给自己许多理由去爱、去留下、去纠缠。你在心里跟自己说:"他没说分手,他也没说不爱我。"

其实,他已经用他的方式说了一百遍,你却偏偏假装听不到,以为只要听不到就不是真的。

他都这样对你了。

有些话,为什么期待别人说得那么白呢?说得白或者不白,到头来又有什么分别?他早就不想看到你了,你却卑微到死死地搂住他一条腿把脸往他鞋底上贴去。

一个人要是爱你,他会希望你是高贵的,任何卑贱的对待只是证明他从来就没有爱过你。

被一个男人这样对待,为什么还舍不得走?你一度以为是爱,你太爱这个人了,你放不开,后来的一天,你终于愿意承认,你并没有那么深情,你只是懦弱,你只是害怕一旦离开了就会孤单。

然而,人心里有太多比孤单更难受的苦了,譬如屈辱,譬如卑微。

在第二人生里，
也许我会过得比现在好……

可惜，
许多人终究是一边幻想着第二人生，
一边在眼下的人生中渐渐老去。

  曾经有多少回，你想要从眼下的生活中逃离？离开你感觉不到温暖的家，离开你不喜欢的学校，离开你厌恶的工作，离开那个你不爱或者不爱你的人……

  最后，你是留下了还是逃离了？是逃跑需要勇气还是留下更需要勇气？这也许是一道千古难题。

  我有个好朋友常常说起她小时打算离家出走的故事，事情是这样的：逃走的前一天晚上，她把各种她平日最喜欢的零食偷偷放进背包里，然后在床底下藏好，当然，还有离家生活要用到的钱。她彻夜无眠，为即将会得到的自由兴奋不已。只要想到平日总是唠叨不断的妈妈到时候会有多么惶恐和自责,她就忍不住在被窝里哈哈大笑。谁会喜欢像她妈妈这样的女人啊?爸爸几年前就跟一个年轻的女人跑了。

没想到,那天半夜,刚下班回来的妈妈突然走进她的房间,以为她睡着了,温柔地摸摸她的头,给她盖好被子。那一刻,她心都软了,差一点就放弃了逃跑的计划。

幸好,小孩是不容易心软的。第二天,家里只有她一个人,她本来是要走的,可一想到无法把家里的电视带走,那就不能每晚追看她最喜欢的一部电视连续剧,她迟疑了;而且,家里的床真的很舒服。

而今,她年纪不小了,走过半个地球,也结婚了,可以名正言顺地离家自立,却又带着老公回来陪伴年老的妈妈,两个女人感情好得形影不离。

离开的方式有千百种,也不一定是一走了之。我认识一个女孩,外表瘦瘦小小,骨子里却是个非常顽强和叛逆的人,她没离家,而是无论做什么都跟她妈妈对着干。她告诉我,十几岁的时候,有一年暑假她从加拿大回来,她妈妈帮她安排的暑期工竟然是到"母亲的抉择"去当义工。母亲的抉择是香港一个历史悠久的慈善组织，专门收容未婚怀孕的女孩子。她当时恨死她妈妈了，觉得她妈妈这么做是明摆着不信任她，担心她早晚也会未婚怀孕。

许多年后，她果然未婚怀孕，不过这时她早就成年了。那段关系终归没能维持下去，她跟别人结婚了，然后又离婚。她是个非常聪明又漂亮的女孩子，我不知道她和家里真正的问题是什么，我看到的是她有一对很棒也很关心她的父母，一直对她不离不弃。

我深深相信，所有的逃离都是为了追寻自己所认为的幸福，百转千回，也许跑很远了，也许又回到原来的地方。

每个人不都想过要逃离现在的人生吗？即便是看似顺利和幸福的人生也可能有许多遗憾，更何况那些不幸福的人生？

所谓第二人生，永远有着一种未知的吸引力。在第二人生里，也许我会过得比现在好，比现在幸福和自由，可以做自己喜欢的事，那里会有一个更爱我的人……

可惜，许多人终究是一边幻想着第二人生，一边在眼下的人生中渐渐老去。

当一个人很老很老了,他也许还是想着逃离,从年老多病和孤独的生活中逃离,从懊悔中逃离,然后,不久的一天,他会从死亡中逃离这一切。

是留下需要勇气还是离开更需要勇气?

我渐渐明白,当你努力,当你出色,你也可以拥有第二人生。人生当然会有各种各样的限制、起伏、得失和挫败,各种各样的不如意、恐惧、落空的希望、意兴阑珊的感情。然而,既然逃离是虚妄的,不如在眼下的人生奋斗,以有去无回的决心、以微笑、以眼泪,开出一朵属于我的花来,迎向天空,迎向大地。

我的卵子我做主

不过，世界之大，
让今天的女人拥有更多的自由和选择。

曾经爱一个男人爱到明明没那么喜欢小孩子也想要和他有个爱情结晶，为了留住一个男人而想为他生个孩子……这么想的时候多年轻啊。许多年后，当你回首，你多么庆幸当时那些念头只曾在你脑海一闪而过或者只曾短暂徘徊。

你多庆幸你清醒得快。那个你曾有一刻想和他有个爱情结晶、像你也像他的小生命从来就没有出现过，而你和他早已成陌路，各不相干。你想生个孩子来留住的那个男人，你后来都不爱了。

生而为女子，子宫每个月都排卵，我们好像总是可以幻想成为母亲，也幻想一个孩子的降临会改变现状。幻想归幻想，生孩子终归是属于现实这一边的。女人跟男人不一样，男人即便做了爸爸，肚皮上也不会留下妊娠纹,脸颊不会因为怀孕而长出妊娠斑,乳房也不会变得疲累憔悴,他们的精子更不会比主人提早告老归田,只会和主人终身厮守。

为人母的快乐和幸福或许可以让你觉得身体的各种改变是值得的,这些牺牲是伟大的,可是,随之而来的是漫长的养和育。带个小宝宝出门旅行得准备他吃的、用的、玩的,预先下载动画片给他在旅途中看,求神拜佛希望他在飞机上别闹。到了该进学校读书的年纪,得用上各种关系和门路去帮他找所好学校,希望自己能够为他做出最好的选择。十几岁的时候,担心他变成反叛少年或者少女,终于等到他大学毕业,房子那么贵,也许还得给他买房子。

中国人做父母做得太累了,中国人的孩子也累,结果大家都累了。

可是,女人总是既悲观又乐观的。"我现在不想生孩子,可我想买个保险……""我三十八岁了,单身,当我终于遇到可以嫁的人,我的卵子或许已经再也不是那么年轻活泼了……""先把卵子拿出来冻着,将来想做妈妈的话,连男人都不需要呢……"

我的卵子我做主。

于是，年过三十五岁而未婚的，单身多年有点绝望的，现在没孩子但不知道将来想不想要的，已经有一个孩子可不知道想不想再生一个的，都想过不如冻卵，冻着不吃亏。

这两年常常有朋友问我香港有没有冻卵服务，是没有的，至少目前还没有。在香港，代孕和选择胎儿性别都是法律不容许的。

不过，世界之大，让今天的女人拥有更多的自由和选择。只要付得起钱，你就可以把你的卵子先拿出来放在世界上某个地方，某个声称安全的地方。你的那颗卵子到了那儿就不会再老。

那一颗冻着的卵子是给自己留的一条后路，是放在保险箱最里面的一枚小小的钻戒，无论如何也不卖，只要留着，说不定有天会需要。这就好像一个长年跑单帮的人，钱包里总会藏着一张折成小方角的百元面额的美钞，这张美钞也许有天会用得着，甚至救他一命。

假如真的冻了一些卵子，你打算什么时候用？

是你还可以生孩子的时候还是已经不可以生孩子了、已经不会每个月排卵的时候？到了那时，你都不年轻了，突然很想要个孩子，很想把你所有的钱都留给他，也希望有个生命可以延续你的生命。

　　每个人都有自己的人生，只要不伤害别人就好了。冻卵或者不冻，完全是一个人的事，甚至和男人无关。时代早就不同了，连伦理也已经不一样。我最近认识一对男男，他们两个都喜欢小孩子，挣扎了很多年，终于咬咬牙花了几百万在美国找代母为他们生了一个混血的漂亮的小女孩。他们只要女孩。

　　很多很多年前，当你还是个小学生，和你很要好的那个女同学怎么可能不是她爸爸妈妈所生，而是由某位代母所生的呢？然而，以后的以后，你的孩子或者你的孙子的同学，有几个说不定是代母生的，有几个是冻卵生的，另外几个是选择过性别的，而他们都被爱着，都那么快乐，或者忧郁。

　　从前你只有两个选择：成为母亲或者不做母亲；而今竟又多出一个选择：现在不做母亲，但是，永远都可以成为母亲。

　　这世界终有一天会超出我们的想象，唯一不变的，是我们的卵子终究是短暂芳华，不许人间见白头。

只要你够强大就好

经济强大,
或者至少内心强大。

十七岁,你憧憬爱情,幻想爱情,想找个人恋爱。

二十岁,你期待爱情,想找个爱的人恋爱。

二十二岁,第一次失恋,第一次尝到了爱情的苦,那是你短暂的生命里最苦的苦。

二十四岁,你重遇爱情,你希望这个人是会和你一直走下去的,你有时会幻想你和他的婚礼。

二十六岁,又失恋了,这一次,跌得更痛,你想随便找个人结婚算了,谁肯娶你,你就嫁给谁。

二十八岁的你,在期待爱情,希望那个对的人已经在路上,离你不远。

三十岁那天,你才发现三十岁原来没有你想象的那么老,三十岁的你,活得比二十二岁时年轻,比二十四岁的时候好看。

三十二岁,你爱上一个不可能的人,他是你一生最爱。

三十四岁,你依然在情海漂泊,你发现,喜欢一个人越来越难了。

三十六岁,你觉得一个人过日子也挺好的,与其屈就,不如做自己的公主。

三十七岁,你有点想找一个人陪你过日子,你知道那个对的人不一定会来,世上或许根本没有对的人,只有还不错的。

三十八岁,你对男人没那么挑剔了,并不是你降低了要求,而是你比以前洞察世事和人心,你也比从前变得包容。

三十九岁,你在想:"找一个人过日子有那么难吗?"你觉得喜欢一个人和爱一个人其实没有太大的分别。从前不可以,可现在你可以接受和喜欢的人终老。

四十岁,你突然觉得一切都是虚幻的,一个人过或者两个人一起过都不重要,只要自己强大就好。你在想:"要是我拥有现在的一切:事业、财富、自信和品位,但是能够回到二十五岁,那多好啊。"

四十三岁,那个对的人终于出现了,可你不一定就想结婚和生孩子,你心里想:"在恋爱中慢慢老去也是好的。"

四十五岁,人生是否可以重来?即使可以,你也不愿意,太累了。你曾有许多遗憾,虽然回到从前或许可以修补,但是,你已经不那么想要修补了,就让人生留下一些遗憾吧。

四十八岁,你很庆幸自己并没有变成大妈或者中年妇女的模样,你有点羡慕法国女人,法国女人在这个年纪还是可以性感、可以恋爱、可以有几个情人的。

人生是否要被年纪所左右?七岁开始学钢琴是被迫的,三十岁才开始学钢琴却是享受。十岁学芭蕾舞,你一点都不享受,四十岁学钢管舞,你觉得自己实在太厉害。你身边总有一些朋友每次开口都会说:"我们这个年纪……"什么这个年纪?谁说人在某个年纪必须怎样怎样?一切的限制不都是你给自己的吗?

你可以二十五岁就归隐田园,和你爱的人采菊东篱下,你也可以三十五岁依然在江湖上潇洒来去,活成自己最喜欢的样子。

人生只有一次,当你老了,你会后悔自己不曾勇敢还是后悔自己不曾深思熟虑?

你可以任性,你可以浪漫,你可以宁可在爱情中老去也不要苟且过日子,你可以依然爱憎分明,你可以在婚姻里继续追寻爱情,你可以做着世人认为这个年纪不该做的事。一切一切,只要你够强大就好,经济强大,或者至少内心强大。

**情伤总是会过去的，
有时候，你又何必寻根究底？**

那些流过的泪水、受过的委屈和欺侮，
那曾经的卑微和屈辱，一切一切，
只是使你茁壮，使你明白世道人心，
看出了爱别离苦。

　　那天遇到一个很多年没见的旧朋友，他曾是我一个好朋友的男朋友，两个人一起不到一年，分手的时候闹得很不愉快，拖拖拉拉了一段时间，终于还是不欢而散。

　　我心里清楚得很，我那个好朋友根本不爱他，和他一起的时候，她并没有安定下来，而是背着他偷偷和其他男孩子交往。

　　他是个好男人，也是个相当优秀的男人，可她就是不爱他。不被人爱，往往并不是你不够好，也许偏偏相反，是你不够坏。我那个朋友喜欢的是坏男孩，是小混混。

当时我也觉得很难理解,这两个人怎么会走到一起呢?他不是她一向喜欢的那种男人,而她,也一点都不适合这个男人。对她来说,那不是爱情,而是寂寞。那个时候,她刚好有个空当,她是个习惯了被爱和被男生簇拥的人,而这个男人又迷她迷得不得了,所以,为什么不试试一起呢?

结果显而易见,她以为自己是爱这个男人的,但是她很快就发现原来她一点都不爱他。我怎么知道她不爱呢?她连送一份小小的礼物给他,也会斤斤计较,选最便宜的。

要是我爱一个人,我怎么会对他吝啬呢?我巴不得给他最好的,我会买我能力所能负担的最好的东西给他,我也不会明明选了便宜的礼物却骗他说好贵。

她不爱这个男人,但她曾以为自己可以试着爱他。可是,她始终骗不了自己,不爱就是不爱,无法假装,这个男人有多好,都跟她无关。他越是痴迷,她反而越感到厌恶。他曾经的优点,全都变成了缺点,他的聪明,变成自以为是;他的健谈,变成爱说话;他的谦逊,变成虚伪。渐渐地,这个男人在她眼里简直变得无比讨厌,她只想狠狠地把他甩开。

那段时间，我常常成为这个男人诉苦的对象，可我有太多事情不能跟他说。我怎么可能告诉他，我的好朋友从来没有爱过他？我又怎么可能出卖我的朋友，告诉他，除他以外，这个女孩子还有别的男朋友？

情伤总是会过去的，有时候，你又何必寻根究底？

后来，这个男人终于熬过去了，找到自己的幸福，也找到一个爱他的人。

这天再见到他，我问他："你太太好吗？"他尴尬地说："我们几年前离婚了。"然后他又说，"我后来又结婚了，不过还是离了。"

从那一刻开始，我发誓，要是我以后再遇到很久没见的朋友，我绝对不会问这些傻问题，问人家的太太好不好，或者先生好不好。

我甚至不会问对方过得好不好。

有些人运气就是好，一路爱上的都是好人，最后嫁给对的人，或是娶了对的人。有些人运气没那么好，爱上过不好的人，受过情伤，最后终于遇到对的人。有些人比较倒霉，爱上错的人，受尽折磨，最后娶了对的人，以为会厮守一生，终究还是无法白首。

爱情有没有所谓对错呢？有是有的，可是，到头来，对错并不重要，所有的恩怨、对错和爱恨，都是浮云；那些流过的泪水、受过的委屈和欺侮，那曾经的卑微和屈辱，一切一切，只是使你茁壮，使你明白世道人心，看出了爱别离苦。假如最后注定孤身一人，唯愿你依然走得潇洒而漂亮，这才不枉你受过的情伤。

这里有个自强不息的灰姑娘

最好看的灰姑娘故事，
主角必须是一个自强不息的灰姑娘，
而不是成天坐在那儿等着嫁入豪门的、无所事事的女孩。

无论如何，王子与灰姑娘的婚礼还是好看的，所以，哈里的婚礼比他皇兄威廉的好看多了。

我是美剧《金装律师》（*Suits*）的粉丝，从第一季开始追看，那时候，梅根·马克尔还没有在现实生活中遇到英国王子，她还是瑞秋。她性感漂亮，第一次出场，导演的镜头在背后一直从她脚踝慢慢往上摇，美好的身材让男主角迈克看得目不转睛，在那一刻就暗暗喜欢了她。

阻碍梅根星途的，与其说是肤色，不如说是演技，她算不上很会演戏。会演戏的人演的是戏里那个角色；不太会演戏的，无论演的是哪个角色，演的都是自己。要是没有遇到王子，我不知道假以时日，梅根的演技会不会不一样。但她不需要了，从今以后，她只需要演好一个角色——萨塞克斯公爵夫人。

黑白混血儿，祖先是黑奴，来自单亲家庭，离过婚，有过很多性感的演出，艺海浮沉，没有大红大紫过，三十七岁，比哈里王子大三岁……梅根的出身和她的过去从哈利王子牵着她的手宣布订婚的那一刻开始，一直被全世界的好事之徒批评和嘲笑，说她飞上枝头，说她丑，说她不配，说她出身卑微。然后，她的生父也不太懂事就是了，还有她那对想捞点油水的继兄姊，害她丢尽了脸。可是，这一切都破坏不了她的婚礼，她的王子就是爱她，甚至在婚礼上感动落泪，像小孩子那样一直揉着她的手指头。

对梅根的批评是多么刻薄、偏颇和狭隘！都什么时代了，黑白混血儿又怎样？奥巴马都做总统了啊。单亲家庭又怎样？现在有多少孩子都来自单亲家庭！姐弟恋不可以吗？你说她不漂亮，可她老公觉得她漂亮啊。什么飞上枝头呢？人无法选择自己的出身，生于帝王之家，也是命，并不是因为你特别优秀。哈里他老爸查尔斯皇储不也离婚了吗？而且离婚前一直有情妇。

看完梅根和哈里的婚礼，你会喜欢这个女孩，那么自信，那么乐观，狮子女配处女男，据说是绝配，处女座非常依赖狮子王。

撇开星座这事，梅根的可爱在于她的自信和自强不息，由妈妈抚养长大，十一岁的时候因为看到一个歧视女性的电视广告而写信给当时的美国总统夫人希拉里，并且得到希拉里的回信，那个广告也因此修改了字眼。梅根一直支持平权运动，热衷慈善，她也不忘增值自己，她那副好身材除了天生之外，也是努力练习瑜伽得来的。她节制饮食，追求健康，据说哈里王子婚前被她逼着吃健康食品、戒烟和运动，减了十几斤。

她跟王子订婚前的衣着品位不算特别出色，但是，从订婚那一刻开始，她的品位突飞猛进。你可以说因为她有形象指导，可即使有形象指导，你也要愿意听话，你也要分得出好和更好，你也得有几分悟性。她的婚纱简洁高贵，她的妆容清新淡雅，她已经不是《金装律师》里那个瑞秋，她脱胎换骨了。

最好看的灰姑娘故事，主角必须是一个自强不息的灰姑娘，而不是成天坐在那儿等着嫁入豪门的、无所事事的女孩。这世上大部分的女人都不会遇到王子或者嫁给王子，然而，无论你出身如何，无论你遭遇什么，又经历过多少伤心失意的时刻，都不要放弃成为一个更优秀的自己，那么，你就是自己的公主和公爵夫人。

世间最美的是两情相悦，让那些不相干的人忌妒去吧，自己幸福就好。你幸福，因为你努力。

有一种备胎叫前男友

甘愿做备胎的前男友，
只因为心里有一个放不下的前女友，
他在等着她回来。

　　备胎与前任，不见得有矛盾，也不见得是两个不同的人，有些人，既是前任，也是备胎。

　　明明是正印，分手后却变成了备胎，这得要多么依恋或是多么情深，才会做得到？

　　分手之后，本该各走各路，可他答应过会永远照顾她。这句话，本来是两个人一起的时候的承诺，分开了就不能当真，可是，她却死死地记住了。从此以后，她遇到什么问题都会找他，和男朋友吵架，会跟他说，和男朋友分手，会找他哭诉。这个前男友，是她最坚实的后盾。

　　她不爱他了，要是爱，她当天也不会和他分手；可是，她也不是完全不爱这个男人，那份爱，超越了友情，却又没有了爱情，说是亲情又不至于，她不知道怎么去形容；也许，人世间有一种感情，是我和你永远纠缠不清，分开了，也是没分开；不在一起，也是在一起。

离开以后，在男朋友那里受了伤害，她会奔向这个像亲人那样的前男友，糊涂起来，她甚至会跑到他那里，睡在他床上。她心里想，跟他早就好过了，再好一次也没什么，也不算随便。

有时候，她不一定想和他睡，她只是想要一个怀抱，想要一个懂她的人。不可以和男朋友说的话，她都可以和前男友说；她在前男友面前几乎没有秘密；他们不再是恋人，却是肝胆相照的挚友。

前男友一往情深，永远做她的后盾，永远等她，永远纵容她。她希望这个男人快乐，可她又害怕他会爱上别的女人，她害怕有了别的女人他就不会再做她的后盾。她知道应该对他好些，可她有时候却又很自私。

"有一天，你会爱上别的女人，然后，你就不会再理我了。"一天，她对前男友说。

男人没有回答，也没有任何的承诺。

然后她又说:"要是有天你爱上了别人,你还会对我这么好吗?"

男人无法回答这个问题。然而,这个女人心里知道,到了那天,她会永远失去这个前男友。他怎么可能爱着别人却又一直照顾从前的女朋友、随传随到、随时打开家门让她进来过夜、来找他陪伴呢?

只要有一天,他爱上了别人,这个后盾和所有的承诺就不再存在了。

甘愿做备胎的前男友,只因为心里有一个放不下的前女友,他在等着她回来。

等太久了,他渐渐明白,她也许不会回来了。他再也不敢奢望她回来身边,他只希望她幸福。

然而,那些荒凉的夜晚,那些孤寂的长夜,他多么希望她又跟现任吵架了,然后,她突然出现,拍他的门;他一如往常地打开门,她喝了很多酒,梨花带雨,站也站不稳,看了他一眼,径自走进屋里,爬上他的床睡觉,就好像她从来没有离开过。明天早上,她会在他身边醒过来。

要是他有了别的女人,他放不下的前女友就再也不会出现了。她已经不再是他女朋友,但她是他不找女朋友的原因。

你离圆满只差一点点

月不常圆，可我们总要求自己完美无瑕，
我们不喜欢看到自己的缺点，
我们也不喜欢别人看到。

2018年是陈百强六十岁冥寿，他生前的经纪人陈家瑛回忆过去的点滴时说，她和陈百强两个人都喜欢看月光，那时候他们每到一个地方登台都会去看月光。

应该没有人会不喜欢月光吧？无论月圆月缺都有它的美。看着月光的时候，我们总会想到自己生命中的阴晴圆缺，每个人都会离开，月亮却一直都在那儿。看着天上的月光，你突然明白了人生的短暂，你突然了解离别。

我不认识陈百强，但是，在他出事前不久，我见过他。那时候，兰桂坊有一家很出名的日本餐厅，店名叫喜八，人气很高，几乎每晚都座无虚席。在那里，你常常会碰到许多明星，他们在喜八吃完饭就会去附近的夜店玩。那个年代是兰桂坊的黄金时代。

那天晚上,我和朋友在喜八吃饭,陈百强就坐在我附近,他心情似乎不太好,这就是我对他最后的印象。两三个月后,他就出事了,再也没有醒过来。

陈家瑛回忆说,生前最后的那些日子,陈百强觉得自己写不出歌,以前那么多的灵感,突然好像都没有了,心情很不好。

追求完美是很痛苦的吧?月不常圆,可我们总要求自己完美无瑕,我们不喜欢看到自己的缺点,我们也不喜欢别人看到。

我们苦苦追求完美,为难自己,也为难身边的人。一旦发现自己不完美的时候,我们就会讨厌自己。我们希望自己爱的那个人也必须是完美的。他满足我所有的想象与期待,要是他让我失望,要是他不完美,我会恨他。

我也曾是那个追求完美的人,到头来,我让自己失望了。哪里会有什么完美呢?都是虚幻的,都是自讨苦吃。月圆很美,月缺也很美啊。

慢慢地,慢慢地,你知道你可以对自己有要求,甚至有更高的要求，但是，那只是个目标，你全力以赴，无愧于自己，这就已经足够。尽力了，即使做得不好，也不要责备自己。

连自己都不完美，又为什么要求别人完美呢？世上并没有完美的爱情，不过是互相包容而已。因为爱，所以包容；因为了解，所以包容。我们都不完美，这才需要另一个人来完善我们。因为你的出现，我才知道不完美也很快乐。

年少的时候只懂一味追求完美，没那么年轻了，走过百孔千疮的日子，才知道活着不容易，才学会放过自己，也放过别人。

我们都努力就好了。

哪里有什么圆满和完美呢？我们的心，连完整都谈不上，只是凑合着吧，自己跟自己凑合，跟所爱的人凑合，跟自己的人生凑合着过。这份凑合并不消极，而是领悟。

只要你做个善良的人，只要你肯努力，只要你有所追寻，你就离圆满只差一点点。

一年又中秋，圆满不难，你幸福就好。

CHAPTER

05

第五章

愿你能活得邋遢，
也能活得精致

好看的皮囊和有趣的灵魂

我们需要考虑的是,
是不是值得为一个有趣的灵魂而放弃一副好看的皮囊。

好看的皮囊和有趣的灵魂,假如只能够拥有其中一样,你会怎么选?

大部分人也许都会选择好看的皮囊吧?我们就是这么世俗。这里说的是有趣的灵魂而不是伟大的灵魂,假如这个人的灵魂非常伟大,不日会功成名就,那么,许多人,尤其是男人,也许宁愿要一个伟大的灵魂。

凡夫俗子,我们需要考虑的是,是不是值得为一个有趣的灵魂而放弃一副好看的皮囊。

好看的皮囊会老,可是,有趣的灵魂也会老,老了就变得没趣。

多少乏味的人曾经也有个有趣的灵魂?

许多年前,朋友邀请我和一位大师吃饭,他说,大师是个非常有趣,也十分幽默可爱的老头。我久闻大名,欣然赴会,可是,那顿饭真的有点沉闷。大师一点都没有我朋友说的那么有趣、可爱和幽默,我觉得我比他更幽默可爱啊。后来我想,也许那天他太累了吧,所以没有展现出最好的他。

一年后,我们又有机会跟几个朋友一起喝酒吃饭,大师终究还是个没趣的人;当然,他也没有一副好看的皮囊。饭后,我的朋友跟我说,大师年轻时真的是个说话非常风趣的人,迷他的女孩子多如天上繁星,都喜欢听他说笑话。我的朋友很感慨地说:

"可能他真的老了。"

一个有趣的灵魂不会单单因为老了而变得没趣,它只会因为不再进步,也不再好奇而变得不再有趣。

所以,有趣的灵魂也不见得一定比美貌长久。

那到底该怎么选啊?

要一副好看的皮囊吧。

有一副好看的皮囊，人生会顺利很多。

而且，当你有一副好看的皮囊，就会有很多有趣的灵魂爱上你，到时候，你可以随意挑一个。往后的日子，在那有趣的灵魂身边，耳濡目染，由他亲自调教，只要你不笨，只要你好学又有点悟性，你的灵魂也会慢慢变得有趣。

爱情和婚姻不就是女人最好的学校吗？学到什么，得看你有多聪明。

前面说的那位大师，他后来再娶的那位比他年轻许多的太太，就有一副好看的皮囊。遇到大师的时候，她只是个普通的女孩子，然而，在大师身边多年之后，她简直脱胎换骨。她勤奋聪慧，悟性也高，一开始是她离不开大师，后来是大师离不开她。她的人生，始于一副好看的皮囊，然后，也有了一个有趣的灵魂。

要是你自问已经有一个有趣的灵魂，只是没有一副好看的皮囊，那也不必灰心。有趣的灵魂得来不易，有的人就是天生没趣。然而，好看的皮囊是可以努力的，五十分自然不可能变成一百分，整容也不可能有这个效果,若说有这个效果,也是骗你的。但是,五十分是可以变成七十分的。

其实你不需要去整容,自然美是最好的。好好打理你的皮肤和头发,把买包包的钱省下来,好好照顾你的牙齿,留一个适合你的发型,学好化妆,常常运动,保持身材,吃有益的食物,好好保养……变美也是需要好奇心和上进心的,不去努力,你永远不知道你可以有多么好。

一生不长,为什么要对自己失望呢?你是可以变好的。

只要努力,有一天,你会有一副不错的皮囊和一个蛮有趣的灵魂。

那么,到时候,你要爱一个怎样的男人呢?是爱一个有趣的灵魂还是一副好看的皮囊?

选个有趣的灵魂吧,有趣的人才可以过一辈子,你负责好看的皮囊就好了。

女人的二十、三十、四十应该怎么过？
怎么爱？

你要一直向前走，
过好这一生。

我的二十岁是怎么过的，我已经完全想不起来了。那时一边上学一边上班，没有什么人生目标，为了想要被爱而恋爱，为了好奇而恋爱，那时会爱上一个男生是迷上他的才华，我的骄傲被他的才华彻底征服，后来不爱了是他虽然有才华但是一点都不聪明；比起才华，我还是喜欢比我聪明很多很多的男人。

那时大概有点混日子，书没有好好读，工作没有好好做，整天忙着恋爱。我的二十岁没有什么作为，每到月底的前几天就已经把薪水花光了，多半是花在餐桌上的。

三十岁生日，开了一个小小的派对，邀请了十几个好朋友参加，全是工作上的朋友。喝香槟的时候,男朋友悄悄问我:"为什么你的朋友全是男的?"我傻乎乎地抬头看了看,除了一个女的,其他果然全都是男的。那是我人生中头一次发现我的好朋友几乎都是男的,而且都是直男,都是我的兄弟。这多么难得啊,我是女中豪杰。

四十岁生日,桃花依旧,物是人非。

我的人生从来没有什么长远的计划,想到什么就做什么,我只有一个一个短期的目标,做到了再说。

多年以后,我知道我终究是幸运的,像我这样一个想到什么就做什么的人,居然活得还不错,而且不停有人问我女人的二十、三十和四十应该怎么过。

我真的适合说这个题目吗?

二十岁的时候,别说四十岁怎么过,连三十岁是什么样子都无法想象。假如让我回到二十岁,我会比那时努力很多,我不会爱上我那时爱的那个人。二十岁对爱情其实一点都不挑剔,更多的是青春的迷惘和好奇,是寂寞,也是孤单。

我希望你的二十岁要勇敢一些,要更自由些,什么都去尝试,要舍得,不要害怕失败。至于要爱什么人?谁能告诉你呢?爱那个爱你的人吧,爱一个比你聪明的人吧。要是你还在求学,爱一个学霸吧,别相信青春片那些故事,品学兼优的女生爱上同班那个坏小子,然后改变他。那是电影,现实多半不是这样的,别让爱情耽误你的学业,你会后悔的。

要是重回三十岁,我还是想要那个生日派对,或许,我从来不是什么女中豪杰,我喜欢跟男生做朋友,因为他们比女生更包容我。

我希望你的三十岁已经收获爱情,女人好歹还是需要爱情的,需要被爱,需要很多很多的爱。三十岁的你应该比从前聪明些,也成熟些,知道什么适合你。你应该挑剔些,不要为了恋爱而恋爱,也不必为了结婚而恋爱。什么是嫁给婚姻?婚姻是美好和神圣的,只有嫁给爱情才是嫁给婚姻,否则,那只是嫁给生活和现实。

这个年纪,你要有自己喜欢的工作,有自己甘愿为之努力的事业。当机遇来临的时候,还请你好好把握,当你好好把握,才会有更多和更好的机遇。

还有就是,三十岁年轻得很,好好保养就是自爱,好好保养才可以走更远的路。

要是可以重回四十岁，唯愿我比当时更努力，做事做人更决断，活得更好，也更懂得对人好。

我希望你的四十岁已经清楚自己想要什么，已经做着自己喜欢的事，手上有点钱，有点可以维持体面的生活、可以过上好日子的钱，身边也有可以陪你终老的人。人生的路，有个人陪着走终究是幸福的。

多做运动，多锻炼，保持你的童心，四十岁一点都不老。

过好你的四十岁，五十岁和六十岁可以更精彩，到时候不要退下来，人生那么短，为什么要退下来啊？你要一直向前走，过好这一生。

二十、三十、四十，曾经那么遥远，一回头却已是曾经，人生何处不苍凉？无论你多么努力，无论你拥有多少，还是会感到苍凉；可是，这苍凉的境界也使你明白，你或许只有一次机会活得好，但永远不会太迟。

你可不可以记住我不吃黄芥末?

人生有许多微小的渴望与失望、完整和破碎、喜欢和讨厌。

吃牛排的时候,爱吃芥末的他跟服务员要来了两种黄芥末,一种是英国芥末,另一种是法国芥末。他蘸着牛排吃得津津有味,然后问你:"你要一点芥末吗?"

你咬咬牙,无奈地说:"我从来都不吃芥末,你什么时候见过我吃芥末啊?你为什么永远记不住我不吃什么?"

可是,这个故事和这些对白以后还是会一直重演,下一次,一起吃牛排的时候,他又说:"这个芥末好吃呢,你要吗?"

你从来不吃韭菜、韭黄、西芹、香菜、葱和洋葱,你受不了它们的气味,可是,那天下馆子,他点了一客韭菜叉烧炒蛋。你看着他很想吃的样子,你放弃了,放弃告诉他你不吃韭菜。

每次吃粥的时候，他也从来不会主动提醒服务员，粥里不要放葱和香菜。他是不记得你不爱吃，还是认为总有一天你会改变，变得喜欢吃？

女人总是牢牢记住男人喜欢吃什么，又讨厌吃什么。你知道他不吃青蛙腿，不吃甜菜根，他也不喜欢香蕉的味道，你知道他喜欢西红柿，喜欢咖喱和大蒜，喜欢醉鸡。每次外出吃饭，在餐单上看到有他喜欢的菜，你就像发现了什么好东西那样，兴奋地告诉他："哎，这里有你喜欢的醉鸡呢。"

他呢，他看着餐单，好像只会想着自己想吃什么，却假装民主地问你："你想吃什么？"

万一你看起来好像拿不定主意，他会埋怨你有选择困难症。要是你说"随便什么都好"，他又会说你没主意。最后，你挑的几个菜都是他喜欢吃的，他却以为你也喜欢。

然后，他问你要不要来一点芥末。

你终于崩溃了，忍不住问他："为什么你永远记不住我不吃什么？"
他笑嘻嘻地说："人会改变的啊。"
你气鼓鼓地说："这方面我不会改变。"

"你以前不吃苦瓜，你现在吃啊。"

你泄了气，只好说："凡事总有例外。"

是啊！人的口味会改变，可是，在你改变之前，你希望他记住你不吃什么。你只是不吃那几样东西，记住有那么难吗？

你不吃黄芥末，不吃韭菜，不吃韭黄，不吃香菜，这些看似微小的东西，对你却是重要的。有个人记住你不爱吃这几样东西，那多好啊，多幸福啊。你却也不会因为那个人永远记不住你不吃黄芥末就不爱他，你只会心里就像吃了黄芥末一样，有点酸涩。

你想要的，是被记住的幸福。记住你喜欢吃的东西不难，因为你总会挂在嘴边，你也总会常常吃；可是，要记住你讨厌吃什么，需要的是多一份细心。

人生有许多微小的渴望与失望、完整和破碎、喜欢和讨厌，即便是相爱的两个人，口味也会各有不同。身边有个人，他永远记住你喜欢什么，也记住你讨厌什么、你不吃什么，那多温暖啊。

某个孤单的长夜，当我疲惫至极，当我沮丧，我只要知道，有个人记得我不吃黄芥末。

月亮告诉你的几件事情

你在，就是明月当空。

曾经买过一盒喜马拉雅山的粉红岩盐，不但可以拿来调味，也可以拿来泡澡。泡澡的话，最好能够选一个月圆之夜，包装上说，在月圆之夜泡一个粉红岩盐的澡，会有意想不到的效果。我泡过了，离开浴缸的时候，并没有变成另一个人，也许，那些微小的变化是在身体里、在感官里，肉眼是看不到的。

月圆之夜有很多骇人的传说，据说，吸血鬼、狼人和恶魔会在这天晚上出没，因为月光的缘故，他们的魔力也会比平日强大很多倍。除非你独个儿流落在荒山野岭，否则又有什么好害怕的呢？

月圆之夜的许多传说，我从来不觉得可怕，倒是觉得浪漫。在这些夜晚，无论是狼人、恶魔，还是吸血鬼，也会比平日温柔吧？因为这天是满月啊，人不都向往圆满吗？既然圆满了，你的戾气和残忍是不是可以暂时收起来?

我们所有的失望、气馁和感伤,正是因为无论我们多么努力也不可能抵达那片圆满之地。我们遇到一个人,爱上这个人,他刚好也爱我,一起走下去的路,总难免会有许多许多的遗憾,然后有一天,多么不舍也终究要告别。只有当我仰看穹苍,看到那一轮皓月,或者看到一片残月,我才又一次明白,阴晴圆缺从一开始就没有停止过。

日出日落,月圆月缺,花开花谢,成住坏空,大自然的一切,不也是人生吗?

一生能看几回月圆呢?满月的日子,总是温柔而难得的。

是月到中秋分外明,抑或月是故乡明?这都没关系了,中秋和故乡,只要有喜欢的人陪着,月儿明亮,心也明亮。

是一个人的月亮清丽些,还是两个人的月亮温暖些?我一个人看过很多次月亮,也和另一个人一起看过很多次月亮。一个人的月亮空寂一些,却有它的味道,两个人的月亮温馨一些,也幸福一些就是了。

暗恋是怎样的一种滋味？月亮告诉你，是这样的：
独坐幽篁里，弹琴复长啸。深林人不知，明月来相照。

失恋是怎样的一种滋味？月亮这么说：
无言独上西楼，月如钩。

孤单又是什么滋味？月亮如是说：
举杯邀明月，对影成三人。

我们一生追求无数的东西，到头来，我们最想要的其中一样，应该就是能够和所爱的人团圆吧？你在，就是明月当空。

多想和你在一起，吃人间烟火、月饼柚子，牵你的手，看云聚云散，靠在你身边，看月圆月缺。你在，就不缺什么。

人有悲欢离合，月有阴晴圆缺，我们每个人都离圆满很远，可还是会禁不住渴望圆满。这种种渴望却总有失落的时候，然后，你看出了这是个充满遗憾的世界，放得开得失，放不开执着；放得开名利，放不开欲念。生老病死、爱别离苦，开心或者不开心都是短暂的，于是渐渐明白，人唯有减少欲望才会快乐，也唯有心中的平安最是难得。

相聚和离别,就是生命本身。谁曾为你回眸?你又曾为谁回首?当你明白爱情的聚散离合,也就明白了人生的聚散。拥有的时候,好好珍惜吧,哪里会有圆满呢?我们都带着遗憾生活。真的有对的人吗?或许,所谓对的人,就是那个挺不错的人。

月亮不会说话,却告诉了我们,因为有遗憾,才有圆满。珍惜当下,珍惜你拥有的幸福,就是心中的小圆满。中秋快乐,但愿此情长久。

我的深夜食堂

味道已经不那么重要了，
只为了跟自己或者某个人消磨一个夜晚。

国产的《深夜食堂》一开播就被骂得很惨，观众实在看不过眼了，纷纷动手写自己的深夜食堂，许多故事写得比电视剧更真实而有味道，这个结果是剧组意想不到的吧？

原著是漫画，情节本来就比较单薄，改编成电视剧和电影也都有点平淡，读者和观众喜欢这些小故事，更多是因为寂寞和孤独吧？

曾经有个女孩问我一个很可爱的问题，她问我："人为什么在夜晚变得格外脆弱？"

那是因为夜晚太黑暗，太漫长了吧？当然，也有可能是因为夜晚不用上班。人并不是白天不脆弱，而是下班了，只剩下自己一个了,终于可以尽情脆弱和哭泣。

三更半夜,无论是因为饥饿,还是因为寂寞或者高兴而在外面吃,各有各的难忘故事。夜晚的故事,离开了炽烈的阳光,也就变得格外温柔。

三口子的深夜食堂是我童年一段美好而温柔的回忆。那时爸爸要值夜班,爸爸很爱吃,也很会吃,我常常熬夜不睡,就是为了等他下班回来带我去吃好吃的。过了十二点钟,终于听到熟悉的脚步声,爸爸回来了,我也饿了,他大概是早已经想好这天晚上要吃什么,高高兴兴地领着我和妈妈去吃各种夜宵。

我们住在湾仔,香港的湾仔从前有个别名叫"不夜天"。这里是个五光十色、夜夜笙歌的地方,到了夜晚依然灯火通明,同一条街有几家麻将馆,每隔十步就有一家舞厅,还有戏院、歌厅和台球室,同时却也有几家很有名的书店。湾仔有那么多过着夜生活的男男女女,是销金窟,也是一片江湖,自然也就有很多通宵营业的排档和小饭馆。

有一段很长的时间,我们差不多每晚都会去一家叫"三六九"的小菜馆。"三六九"做的是上海菜,我最爱吃那里的排骨面和芝麻汤圆。他们的芝麻汤圆每一颗都像橘子那么大，我的童年却是怎么吃都不胖的童年，瘦骨伶仃的，大人都以为我肚子里住了一窝虫子。

除了排骨面和芝麻汤圆，我也很爱吃"三六九"的上海粗炒面、五香牛肉和油爆虾。妈妈爱吃鲜肉锅贴和炒年糕，爸爸什么都吃，只要有冰冻的啤酒就好。那时的"三六九"有两层高，灯光很白，空调很冷，常常有各式人物登场，应该也有许多痴男怨女。可惜我那时太小了，还不懂得旁观别人的故事。

湾仔现在还有一家"三六九"，已经不是旧时那一家，也不在原址，依然是半夜才打烊，听说味道比不上从前了。

这些年来，我一直寻找好吃的排骨面，可是，很多上海菜馆的菜单上都没有这道主食。一碗排骨面卖不了多少钱，老板宁愿多卖些赚钱的小菜。

即便我能找到儿时常吃的排骨面、港式西餐的黑椒牛排和排档的海鲜小炒，无论如何也不会是童年的味道了。那家灯光很白、空调很冷的馆子已经不在，排档和西餐厅也消失了，三口子而今只剩下一个人，我也早过了怎么吃都不胖的年纪，再也不敢吃夜宵了，会长肉啊。

童年之后，我再次偶然吃夜宵，是在电视台混的那段日子。那时年轻又好奇，跟最要好的几个同事和朋友常常彻夜还到处找吃的，聊天聊到半夜才舍得回家。20世纪80年代是香港电影和乐坛兴旺的年代，名气最大的深夜食堂是九龙尖沙咀的"水车屋"，它比漫画里的深夜食堂华丽得多，档次也高很多。

"水车屋"做的是日本菜，鱼生、寿司、热食，一应俱全，他们家的铁板烧跟日本只用男厨师不一样，全都由年轻漂亮的女厨师来做，做法和味道也变得很港式。"水车屋"是不打烊的，那是个还没有狗仔队的年代，娱乐圈无论台前幕后的人，都喜欢在这儿吃夜宵，这里每晚星光熠熠，梅艳芳和张学友是熟客，不醉不归。在娱乐圈工作而从来没去过"水车屋"的，肯定不是什么有头面的人。

日剧《东京女子图鉴》里面，女主角说，三十岁前由男朋友请客，在惠比寿的 Joël Robuchon（乔尔·卢布松）吃一顿晚饭，是每个东京女子的梦想。在整个20世纪80年代到90年代初的香港，男朋友从来没请你在"水车屋"吃过饭，他也是有点吝啬了。

从90年代中期开始，娱乐圈风光不再，"水车屋"也渐渐没落，所有的店都关门了。香港现在可以吃夜宵的地方来来去去就那几个，跟我童年相比，太乏味，也太没趣了，我都提不起劲去吃。

出家人过午不食，清心寡欲，这使我更觉得喜欢吃夜宵的人烟火味特别重一些，欲望多一些，也放纵些。人在夜晚不一定格外脆弱，却也许是格外寂寞和孤独，也容易感伤，需要慰藉和怀抱。要是没有慰藉和怀抱，那就只好把自己投向面前的食物，这时候，味道已经不那么重要了，只为了跟自己或者某个人消磨一个夜晚。

夜晚真的是太漫长吗？而其实，它和白天差不多一样长，只是太黑暗；这黑暗却又偏偏让我们看到了自己的内心，照见了苦和乐。有时候，醒着是比梦着更虚幻。

那个说过要钓金龟的女孩

这时代有什么所谓的金龟呢?
你就是自己的金龟。

那些说过要钓金龟的女孩,后来怎样了呢?

应该是命运各异吧?有些女孩如愿嫁给了王子,有些女孩到头来只能过自己的小日子。

曾有一个女孩,当我问她有什么愿望的时候,她既坦白也直率地告诉我,她想嫁个金龟婿。虚荣无所谓对错,虚荣也是一种上进心,多少人因为虚荣而发愤图强,过上自己喜欢的生活;可惜,也有多少人怀着一颗虚荣的心,终日做着白日梦,坐着等她的王子或者金龟来找她。

那个跟我说想找个金龟婿的女孩,后来并没有如愿以偿。她换过一个又一个男朋友，没有几个是好的，最后挑的一个，既不是金龟，也不是银龟或者铜龟，连纸龟都不是，可她已经大着肚子，不得不嫁。找金龟的路上，她从没努力过，她没有不断使自己变得更优秀，她太懒惰了，以为金龟会自己送上门，她可没有漂亮到那种程度。

另一个女孩，嘴里没说过要钓金龟，可她一直寻找的都是富有的男人。她有句口头禅："我为什么要穷啊？我又不丑。"在寻找金龟的路上，她却一直遇人不淑，那些男人的确有点钱，可并不专一。其中一个对她挺好的，也不花心，可是，他有个非常厉害也势利眼的妈妈。这位妈妈掌握家族的财政大权，她打心底看不起那些想攀附的女孩，她只接受三种儿媳：与他儿子门当户对的千金小姐、独当一面的专业女性、漂亮出众的女明星。可惜，这个女孩三样都不是，她只是个穷女孩，连大学都没读过，工作也不努力。

嫁金龟的梦一个又一个破碎了，最后，她等不下去了，嫁一个对她千依百顺的普通人，和他过寻常日子。没有豪宅，没有名车，没有花不完的钱，两个人结婚的钱还是她拿了一半私己出来，婚礼上戴着的那颗小小的钻戒跟她幻想过的那颗钻戒相差了也许有十几克拉。

她快乐吗？她始终是不甘心的。

都什么时代了？说自己想要嫁个金龟，难道不会脸红吗？把这个想法藏在心底或者索性丢得远远的吧。倚靠男人不如倚靠自己，下半生看公公婆婆的脸色，不如不嫁。人生那般短暂，值得为一个所谓金龟而委屈自己吗？

这时代有什么所谓的金龟呢？你就是自己的金龟。

当你出色，就无所谓高攀，高攀那么辛苦，却又不保证天长地久。

嫁给金龟，分手的那天能拿到几个钱？也许一无所有，而青春已经不再了。

假如你拥有一颗那么强大的虚荣心，请不要只一味想着依靠一个男人来实现你梦想的一切，万一没有这个人呢？万一这个人出现了却嫌你配不起他呢？万一他不嫌你但他家里嫌你呢？

世上最难的事是求人，用你那颗强大的虚荣心自强不息吧，万一没遇到比你富有的男人，你还有你自己，问男人要爱情就好了。

永不流逝的派对

有个人陪我坐到最后，
陪我喝最后一杯香槟，
他也牵着我的手走进夜色里，
走进晚风中，走在归途上，走在他的生命里。

一个快要结婚的女孩子问我："你有没有曾经爱一个人爱到死去活来？"

当然是有啊。

她苦哈哈地说："可我从来就没有，从来不曾爱一个人爱到死去活来，爱到不能自拔，爱到不能没有对方。"

那也不奇怪啊，每个人都不一样，你是一个怎样的人，就会遇到怎样的爱情。我们总是以为女人都向往爱情，是的，我们比男人更向往和憧憬爱情，却不是每个女人都向往轰烈。

爱情不一定都轰烈，大部分爱情都不轰烈，能够不平淡已经很难得。要是你以为爱情必然是轰烈的，那你就注定会失望，你也实在太年轻了。

这个在圣诞节之后就要成为别人的太太的女孩，一直相信自己追求爱情，一直说要嫁给爱情，可她最后选择的是一个她觉得可以嫁、可以给她安稳生活的男人。她爱过几个男人，没有开花结果，也说不上刻骨铭心，然后遇到她未来的丈夫。他不是个热情的人，他甚至不痴心，他只是觉得是时候结婚了，而这个未来太太是他愿意共度余生的。

她答应嫁给他，因为他看起来是那么好，两个人有很多话说，两个人都想要孩子，两个人都想安定下来，她心里想："这不就是在适当的时间遇到适当的人吗？"

她懒得再去找别人了，她不想再恋爱，然后失恋，然后又爱上别人，再一次失恋，然后形单影只，一个人过冬，一个人过圣诞节，一个人过情人节，一个人吃饭和睡觉。她将要嫁的这个男人挺好的，愿意迁就她，不需要她为生活担忧，过去和将来所有的节日也都会陪在她身边。她唯一缺乏的，也许只是一份激情和她所曾幻想的死去活来与生死相许。

可她没看出来,她的缺乏与人无尤,而是她根本不需要。她不是个激情的人,不是个不顾一切的人,她甚至不是一个浪漫的人。她太实际。

有时候,实际又有什么不好呢?从来不曾爱到死去活来,也就不会痛苦;不追求轰烈,也就不会受伤;不曾生死相许,也就不会失望。

痛苦不都来自许多不切实际的期望吗?

激情和浪漫之后,也许是孤单和寂寞。人生怎可能每天都是舞榭歌台呢?

你期待的爱情和你得到的也许是两回事,每个人对自己都有错误的理解和幻想,也都有自己的局限。

我曾是那个只要爱就爱到死去活来的人,我是那个追求轰烈也渴望轰烈的人,我也曾是那个一旦爱上了就不想自拔的人。若爱,就生死相依;若不爱,就不相往来。

可是,人毕竟是会变的。有时候,我怀念那个有着激烈的爱恨的自己，我想念那个爱一个人爱到哀伤的自己。只是，人不可能一直都参加派对。

所有的爱恨终有一天会转化，深深埋在心底里，千帆过尽，只道是寻常。

我心里依然有一个永不流逝的派对，宾客满堂，纯属因缘际会。有个人陪我坐到最后，陪我喝最后一杯香槟，他也牵着我的手走进夜色里，走进晚风中，走在归途上，走在他的生命里，这才是我要的派对。所有的绚烂缤纷，所有的喧闹，都是过眼云烟，在死去之前，我只想这样活过。

亲爱的，圣诞快乐。

愿你能活得邋遢，
也能活得精致

被人称赞漂亮的那个是我，
自己看着很糟糕的那个也是我。

认识多年的发型师有一次很认真地跟我说："有个问题我想问你很久了，为什么每次看到你都是披头散发的呢？你明明可以好好梳头。"

然后，不等我回答，他自己回答自己："艺术家都是这样的吧。"

我哪儿有披头散发呢？顶多是有点乱吧？反正都去找他弄头发了，干吗还要先把头发梳好啊？

好吧，我承认我从来不带梳子，自己在家吹头发的时候从来就没有耐性把头发全部吹干，全部吹干太花时间了。可是，每次外出我是仔细搭配过衣服的。

有一次看巩俐的电视专访，主持人要她说一个关于她自己的秘密，她说，她每次一回到家里就会换上睡衣，就算朋友来了她身上也是穿着睡衣。她特别喜欢法航头等舱提供给乘客的睡衣，她穿过之后就买了很多套这个品牌的睡衣。

看完之后我真的上网搜了一下法航头等舱提供的是哪个品牌的睡衣，可惜香港买不到。我也是只要在家就会穿睡衣的人，只是没她那么讲究。写稿的时候，最舒服的衣着当然是睡衣；在家吃饭、吃零食、看电视，最舒服的装束，当然也是睡衣。

在家用不着梳头吧？我都用一只发夹把头发夹起来。在家也涂防晒霜？饶了我吧，我绝不。

在家里，我是自由的，我是无拘无束的，要多随便就有多随便。如果这样算是邋遢的话，那么，我也是个邋遢的女人。

许多年前，我在电视台上班，那阵子很忙，一天，我化了点妆就匆匆忙忙上班去，头发有点乱，我索性用一只发夹把前额的头发夹起来算了。老板从来没见过我这个样子，他一看到我，就摇摇头说:"你为什么弄成这样?"

忙成这样,哪儿有时间啊?

作为一个女人,我承认我对美的追求不够执着。大部分女人不都是这样吗?我们都有点人格分裂,平时在家邋邋遢遢,心情不好的话甚至不洗澡、不洗头,当然也不洗碗。可是,出去见人,只要有时间打扮,我们是尽量精致的。

工作的时候,我们是认真的,所以回到家里可以奔放些。约会的时候,我们是讲究打扮的,所以回到家里再也不用那么讲究。

热恋的时候,我们是干净的、香喷喷的,当对方已经变成像家人一样,逃不出我的五指山,我是没那么干净,也没那么香的。

我们赚钱买好东西,咬着牙买下很多昂贵的护肤品,可最舒服的还是什么都不需要往脸上涂。

出于好奇和美好的幻想,我们买了各种各样最新的美容仪。钱花了很多,可是从来无法坚持,那些美容仪后来都变成家里的摆设。

那又有什么关系呢？下次听说有什么好的美容仪，我们还是会买的，并且相信自己这一次会坚持。每个女人面对这些小东西的时候都是乐观的，无法坚持的时候，也是豁达的。

邋遢有时，精致有时。

邋遢的那个是我，精致的那个也是我；勤奋的那个是我，懒散的那个也是我；精明的那个是我，糊涂的那个也是我；坚强的那个是我，脆弱的那个也是我；爱笑的那个是我，爱哭的那个也是我。

穿上漂亮的长裙，拿着心爱的包包在餐厅里喝香槟、吃法国菜的那个是我；刚刚自己在家里染完头发，头发湿湿的，还没吹干就穿着睡衣窝在沙发上吃饼干的那个也是我。

被人称赞漂亮的那个是我，自己看着很糟糕的那个也是我。

一切都会变，唯有我的多变不会改变。

出去活给别人看，回家活给自己看；出去活给仇人看，活给前任看，活给忌妒我的人看，回家活给自己看，活给亲爱的人看。

人前全副武装，回到家里就是解甲归田。精致是自我要求，邋遢却是一种境界。

邋遢的时候，我是最真实的我，最无欲无求的我。

一个女人从来没有邋遢过，又怎能算是活过呢？愿你能活得邋遢，也能活得精致。

大城女子图鉴

所有大城市的故事不都类似吗?

大半夜看五十岚大介的漫画《小森食光》改编的韩国电影《小森林》,真的会肚子饿呢。年轻的女主人公从小就渴望离开长大的小乡镇,到首尔去闯。终于,她去首尔了,可惜,她在首尔过得并不如意,生活也没有她想象的容易。一次考试落第之后,她打包行李,独自回到有点荒僻的故乡。

从前住的屋子还在那儿,还是原样,只是屋前积满了厚厚的雪。到家的那个夜晚,她肚子饿得咕咕响,走出去挖开门前的积雪,挖出了一棵大白菜煮来吃。

这女孩的厨艺好得不得了,会做泡菜和各种的菜,会做面包,会煮汤、揉面,连酒都可以自己酿,又会晒柿子干,还会种菜。

这样的女孩是适合田园和森林的吧？

我们常常在杂志和网络上看到许多归园田居的故事，说的是某个厌倦了城市生活的女孩决定回故乡去，或者住在一个远离大城市的小乡镇，洗尽铅华，不需要漂亮的衣服和包包，用不着每天挤地铁上班，不再在大公司里挣扎求存或者尔虞我诈。她放弃了那些看起来五光十色的生活，回归最简单的日子。这样的故事总是让人向往的，可是，真的适合每一个人吗？

女孩子要过上这种生活，不需要很有钱，却需要一身本领，也许得像《小森林》的女主人公那么会做菜，还会下田种菜，这才可以不花大钱也能养活自己；也许得像有些女孩那样，什么都会自己做，自己捡破烂回家，然后改造成漂亮的家具，自己会做衣服，会做窗帘布，甚至还会修水管和锯木、砍柴。我们这些从小在城市长大的女孩子，就连去宜家家居买一个小小的木柜，也宁愿多付费用请他们代为安装，要我们离开城市去乡镇生活，也许并没有想象中那么美。

下田种菜也没有电影描述的那么简单。我有两个朋友，在郊外租了一块田，两个人每个周末去种菜，满心以为以后可以吃到自己种的菜，还可以送一些给我。可是，一年下来，他们收割的菜连自己吃都不够。他们送我的，只有几根香蕉，可那些香蕉根本就不是他们种的，那块田旁边本来就有一棵香蕉树。

《东京女子图鉴》之后，又有《北京女子图鉴》，两部剧都很火，接下来还有《上海女子图鉴》，每个在大城市生活的女子在故事里也许都能找到自己。所有大城市的故事不都类似吗？就像所有小乡镇的故事也会类似。

我不知道未来会不会有《香港女子图鉴》《纽约女子图鉴》《巴黎女子图鉴》……每一个大城市，不都有各种起起落落、得意和失意、成和败、爱和恨吗？到了夜晚，不都有很多寂寞的人吗？

当我们在这里觉得疲惫、孤单和沮丧的时候，我们常常幻想可以逃跑，逃到一个遥远而宁静的小镇，从此远离尘嚣，过上自己真正喜欢的生活。可是，冷静想一想，我有一门好手艺吗？我能够不需要陪伴而生活吗？我会伐木砍柴烧饭种菜吗？如果有需要，我是不是晓得怎样帮我家那条母狗接生？

于是，我们这些女子，只好打起精神在这个拥挤而熟识的城市努力过日子。

女人五十

最难的事也许是恰如其分。

距今二十二年，即是1998年，《欲望都市》开播，饰演凯莉、夏洛特和米兰达的三个女主角，在戏外的年龄分别是三十三岁、三十岁和三十二岁，萨蔓莎就更老一些了，她当时已经四十二岁了。可是，这妨碍她们在戏里追逐爱情吗？观众照样看得投入，觉得每一个主角好像也都有自己的影子。我们追剧的时候，心里不会说："哎，她们不都很老了吗？怎么还在情海浮沉啊？"

如今，她们也都年过五十了。

年过五十，曾是多么不可思议的年岁？想起也觉得惊心动魄，可是，除非天妒红颜，否则，每个女人都会走到这一天。

什么冻龄美女，什么美魔女，都是骗人的吧？《欲望都市》里的几个女主角什么时候说过这些字眼或者类似的字眼？她们坦荡而自由，不追求这个，女人不需要冻龄也依然可以追求爱情、梦想和自己想要的生活。哪儿有什么冻龄美女和美魔女呢？都不过是高超的医学美容和整容，还有修图。

有些人长得年轻些，那是她得天独厚，拥有年轻的基因。女人五十，无可避免会发现自己似乎全身都在走下坡路。

这时候，你想要依然好看，并不是要假装青春，也并不是不肯长大，而是活出你这个岁数该有的气质，安然接受自己。

愈想要留住青春，到头来只会愈显老。

你以为把黑发漂染成金色会年轻很多吗？是的，但是对不起，那只限于年轻女子，只有年轻女子把发色弄浅一些才会年轻些。当你年过五十，金色的头发不但再也没有减龄的作用，还只会让你显得比原来的年纪更大些。

你以为浓妆艳抹可以掩盖皱纹，让你看上去不像五十吗？对不起，所有浓妆艳抹这时只会出卖你的年纪。女人五十，用的是减法，减少一些脂粉，减少一些不必要的装饰，扔掉那些给二十岁女孩穿的衣服吧。

所有勉强留住青春的行为，看起来都是难堪的。

最难的事也许是恰如其分。

衣着暴露的五十岁、继续撒娇的五十岁、装成小女孩的五十岁……要是你稍微有点悟性，你怎么能够原谅这样的自己？

坦然接受自己的年纪，你才能够不被年龄左右。法国女人到了五十岁还在追求爱情，甚至会一直追求下去。皱纹又算什么呢？不再年轻的肉体若能成就一点迷人的经历与智慧，那就是另一种吸引力。

天天去美容院，躺在那儿等着别人用机器帮你保持年轻，不如勤奋些做运动，做运动能使你快乐。

即使有孩子了，也永远不要变成大妈的模样。

单身的话，好好去享受一个人或者两个人的日子吧。不必羡慕年轻女孩，假若要你从头来一次，再年轻一次，再一次从二十岁走到五十岁，估计你打死也不愿意。

五十岁，去做你曾经想做而没做的事吧，去学习你曾经想学习却没机会学习的东西吧。一个人也好，两个人也好，生活如果没有了爱和被爱的感觉，那是多么乏味？

五十岁的时候，尽量做个知性的、有情有趣的女人吧，这样才好玩，这时候，你其实已经不怕老了，你怕的是错过。

许多女人到了五十岁就停下来，然而，当你明白人生只有一次，你就知道，每一个年纪也都是重新出发的年纪，请不要停下来，请你远离无知和束缚，请你去学习、去进步，请你去爱、去追寻，去活出一个最好的你。

下一个五十年，你怎么知道你还能活着去做这一切？

你今晚 Bralessdrunk 了吗？

我们也是需要自我放逐的，
这并不是男人的专利。

你家里有没有一个这样的男人？

他忙完一天，下班回到家里，临睡时，总得喝杯啤酒。他打着赤膊，穿一条家居短裤，或者只穿一条短内裤，自个儿占据着家中一个角落，悠闲地喝着他心爱的啤酒，做着自己喜欢而你觉得无聊的事。

这是他一天里最写意自在的时光，他不介意以后会有个啤酒肚，他甚至很享受那些下酒的垃圾食物。要是你拿走他这份快乐，催促他早点上床睡觉，叫他穿上衣服别着凉，叫他别喝那么多，他会觉得你很烦，认为你不理解他，认为你自私；但请放心，这份快乐和自由是你无论如何也拿不走的，是他会努力去捍卫的。

然后，有一天，你发现他这个穿内裤喝啤酒的习惯竟然很北欧，也很时髦，而不是像你老爸，而且还有一个很时尚的专用形容词叫 Päntsdrunk，就是穿着内裤自个儿在家喝啤酒的意思。

Päntsdrunk 是男人疗愈的方式，就像女人去做了个香薰按摩和泡个温泉那样。

芬兰作家 Miska Rantanen（米斯卡·兰塔宁）的新书 *Päntsdrunk*: *Kalsarikänni*: *The Finnish Path to Relaxation* 描述的就是这样的一种生活。

Päntsdrunk 是每个在职场上拼搏的男人的权利与自由，是自我放逐，却也是自我疗愈；是男人的追寻，也是男人之间心照不宣的快乐。

Päntsdrunk 是为了活得更好，是为了明天一觉醒来可以充满活力；是生活，甚至是人生的必需品。

若要充分享受这份快乐，男人必须解除一切束缚，全身上下脱得只剩一条内裤。

说真的，我不知道他们冬天怎么办。冬天 Pāntsdrunk 难道不会着凉吗？感冒了就不好，就不那么自在了。也许，冬天可以容许自己穿秋裤和内衣吧。

小时候，大家的老爸不也是这样吗？男人都需要一些私密的时光才会感觉自己活得不错，再累也值得。毕竟，生活从来不易。原来，我们的老爸都走得很超前，都是 Pāntsdrunk。

只是，时代不同了，回家喝酒不但是男人的自我疗愈，也是女人的自我疗愈，女人下班之后回到家里，也想要舒舒服服坐下来喝一杯。

然而，即使家里只有自己一个人，只穿内裤喝酒好像也没那么舒服，感觉怪怪的。男人和女人的身体结构不一样，我们的"负担"并不是在下半身。对女人来说，至少对我来说，最舒服自在的应该是一回家就脱掉胸罩吧？这是作为女人的最大的肉身束缚。

我们不 Pāntsdrunk，我们可不可以也有个专门的形容词？我想到的，是 Bralessdrunk。

喝啤酒真的会有啤酒肚，有了啤酒肚就不好了。有些酒，是更适合女人喝的，比如雪利酒、起泡酒、梅酒、波特酒和香槟。你喜欢烈一点的，也可以来一点威士忌和干邑。

在外面奔波了一天，看尽了人情冷暖，看厌了各种奉承和逢迎，也受够了那些笨蛋，回到家里，早就累瘫了。一个人住也好，两个人住也好，脱掉衣服鞋子，洗个澡，然后坐下来，喝一杯，吃些无益的食物，读一本无用的书，追剧、上网、跟朋友聊天，做些自己喜欢而不需要有任何意义的事，突然发现，这才是生活啊。

我们也是需要自我放逐的，这并不是男人的专利。

如果生活没有了这些颓废的时刻，将是多么乏味无趣？

如果减压的方式只有买包包、鞋子和化妆品，月底看到账单的时候，心里难道不会感觉一片荒凉吗？

生活，还是需要一些看似毫无意义却还是有点意义的时光，那才可以每天爬起床装备自己，继续出去奋斗。

Bralessdrunk 是夜晚一个人在家里的心灵旅行。生活何曾容易？人总有孤独的时刻，学会去享受孤独，得喝点酒；爱情难免有阴晴圆缺和高低起落，有时爱，有时不爱，到底是爱你还是恨你？微醺之后，才看出了这一切皆是梦幻泡影，来生不一定能够再见。明天我会对你好一些，明天我会懂得放手。

夜晚，回到家里，踢掉高跟鞋，卸下胸前那片盔甲，解除身心一切的束缚，坐下来懒洋洋地喝一杯，这时候，你终于觉得自己活得像个人，像个有趣的人。

你今晚 Bralessdrunk 了吗？

我的保养之道

我们唯一能做的，
就是老得慢一些，
再慢一些。

什么时候觉得自己老了呢？就是生日的那天，收到最多的是"青春常驻"的祝福。

什么时候觉得自己老了呢？就是以前每个人见到你本人的时候都说："你好年轻啊。""原来你这么小。"这几年，见到本人时，被问得最多的是："你是怎样保养的？"

听到这句话，真不知道应该高兴还是感伤。

光阴如飞似逝，哪里有不老的人呢？哪里有不老的红颜呢？《如懿传》开播，周迅的脸突然成了焦点，都说她老了，那张脸怎么变成这样了啊？怎么可以演十六岁啊？

如果真的有错，也不是演员的错。当年无线电视第一次改编金庸的《倚天屠龙记》，饰演张无忌、赵敏的郑少秋、汪明荃都已经三十岁出头了，可没有人嫌弃他们老。

戏好看就行了。

人生就是一出戏吧？谁不是从童星演到老角？我们唯一能做的，就是老得慢一些，再慢一些。不要期待当你四十岁的时候看上去像十六岁，能像三十二岁就非常了不起了，像三十五岁也不错。

长相是否年轻，真的是遗传基因的事。有的人就是长得年轻，三十岁了还像二十四岁。有的人少年老成，二十几岁的时候看上去像四十岁；幸好，五十岁的时候，他终于像五十岁了。我有个朋友，她二十七八岁的时候怎么看都像三十多岁，明明单身，却常常被人问："你几个孩子了？"

我们的基因决定了生命中的许多事情，包括健康。当然了，要是你那么幸运，拥有良好的基因，你得好好去珍惜和维护，不要去破坏它。

我家里人都长得比较年轻，但是，要说保养，我可能是最会保养的一个吧，因为我这个人充满好奇心，喜欢研究新东西。

既然这几年常常被人问到我是怎么保养的，那么，就说说我的心得吧。

每天早上二十颗枸杞子。

这个习惯维持了十多年，也推荐给过许多朋友，我身边的朋友都是这么吃的。

十几年前，看了无线电视一档专题节目，主题是关于抗衰老的。节目访问了几位专家，都是在做抗衰老研究的，有皮肤科医生，有生物学家，有科学家。我只记得几位正在大学里研究抗衰老的科学家说，他们长年研究，唯一真正有效抗衰老的食物，他们一致认为是枸杞子。这几位科学家说，枸杞子可以每天吃，但不能一次吃太多，二十颗是最适当的。

从那一天开始，我就有了吃枸杞子的习惯。枸杞子不需要煮，早上吃麦片、小米粥、牛奶，或者香蕉豆浆的时候，把洗干净、泡过水的枸杞子加进去一起吃就可以了。

我都吃红色的有机枸杞子，不用担心有农药。

每天做运动。

我一直有每天运动的习惯，这三年都在玩室内单车，可是前阵子两边胳膊因为长期重复某些动作而受伤，连手臂也抬不起来，非常痛苦，又要赶书，只好暂停一段时间，所以最近觉得自己老多了啊。

在努力老得慢些的过程中，也许是没有"暂停"这两个字的吧？以后有机会我会慢慢分享我的保养之道。

假装没买，
男人和女人篇

女人自然是有许多方法把新买的衣服、鞋子和包包藏起来的。

近期一部很火的电影 Crazy Rich Asians，大家都看了吗？（内地译作《摘金奇缘》，很不贴题，闷出鸟来，港译《我的超豪男友》较好，但直译《疯狂亚洲富豪》不是更好、让观众更有买票进场的意欲吗？）

电影里的男主角是新加坡一个超级有钱的大家族的长子嫡孙，但我想说的不是他，而是他的堂妹（还是表妹？忘记了）。这个女孩富到流油，为了爱情嫁给一个远远没她那么有钱的老公，结婚多年，她一直害怕老公自卑。她是所有名店的超级大豪客，珠宝首饰、衣服鞋子，天天都买一堆，数百万一对的耳环，她眼睛不眨一下就刷卡；然而，每次买了东西回家，她会想方设法藏起来，藏在厨房的抽屉、藏在浴室的镜柜……总之是不能让老公看到她又买东西，而且是那么昂贵的东西。

这些情节是否让你会心微笑？我们没她买得那么疯，没她那么富有，也不是担心老公自卑，但是，买了东西偷偷藏起来、假装没买，不是几乎每个女人都做过的事吗？

不是害怕男人自卑，而是不想他说我又买东西；即便花的是自己的钱，也不希望他觉得我是个挥霍的女人，于是只好假装没买。这种想法也许是自欺欺人，那个和你相处多年的男人，又怎会不知道你是个喜欢买东西的女人？

知道是一回事，但是，每次回家都被他看见你大包小包地买了一堆，形象不好啊。

女人自然是有许多方法把新买的衣服、鞋子和包包藏起来的。

不急着用的，索性留在店里，改天再来拿。回家的时候，两手空空，显得自己今天很贤惠，出去一天，没逛街，什么也没买，什么都没发生。

不想留在店里，那就大包塞进小包里，看起来并没有买很多。

你也可以把刚买的衣服立刻穿在身上，这样就神不知鬼不觉了。要是他那么耳聪目明，看着你，皱眉说："你今天早上出去的时候好像不是穿的这件衣服啊。"你只要一口咬定他记错了就行。男人其实多半不记得你穿什么。

真的无法隐瞒买了东西，那就隐瞒你花了多少钱吧，明明没打折，就说打折了，很划算。这些伎俩，你不会不懂吧？

从来不是女人不老实，男人也有买了东西假装没买的时候啊。明明已经有很多手办，看到喜欢的、限量版的，还是会买，然后趁着老婆不在家的时候偷偷带回家里藏起来；明明已经拥有许多昂贵的音响线，说过再也不会买了，但还是会偷偷再买、偷偷安装。我们女人怎么看得出来呢？就好像男人看不出来我身上的裙子是新买的还是旧的。

假装没买，这小小的谎言算不算是撒谎呢？应该不算吧？万一实在瞒不过去，那就坦白招认吧，喜欢买东西又不是什么罪恶，是因为在乎你，不想和你吵架呢。

© 中南博集天卷文化传媒有限公司。本书版权受法律保护。未经权利人许可，任何人不得以任何方式使用本书包括正文、插图、封面、版式等任何部分内容，违者将受到法律制裁。

图书在版编目（CIP）数据

只要你够强大就好 / 张小娴著. —— 长沙：湖南文艺出版社，2021.3
ISBN 978-7-5726-0081-4

Ⅰ.①只… Ⅱ.①张… Ⅲ.①散文集—中国—当代 Ⅳ.①I267

中国版本图书馆 CIP 数据核字（2021）第 023503 号

上架建议：畅销·散文

ZHIYAO NI GOU QIANGDA JIU HAO
只要你够强大就好

作　　者：	张小娴
出 版 人：	曾赛丰
责任编辑：	刘雪琳
监　　制：	毛闽峰　李　娜
策划编辑：	张　璐
文案编辑：	王　静
营销编辑：	霍　静　焦亚楠
装帧设计：	利　锐
封面插画：	Eve-3L
内文插画：	丁晓敏
出　　版：	湖南文艺出版社
	（长沙市雨花区东二环一段 508 号　邮编：410014）
网　　址：	www.hnwy.net
印　　刷：	三河市百盛印装有限公司
经　　销：	新华书店
开　　本：	875mm × 1230mm　1/32
字　　数：	189 千字
印　　张：	9.5　插页：9
版　　次：	2021 年 3 月第 1 版
印　　次：	2021 年 3 月第 1 次印刷
书　　号：	ISBN 978-7-5726-0081-4
定　　价：	58.00 元

若有质量问题，请致电质量监督电话：010-59096394
团购电话：010-59320018